mark

這個系列標記的是一些人、一些事件與活動。

MARK 94
舊日時光

作者：陳柔縉
插畫繪圖：梁旅珠
責任編輯：李濰美
美術設計：弓長人兒
校對：李昧・陳柔縉
法律顧問：董安丹律師、顧慕堯律師
出版者：大塊文化出版股份有限公司
地址：台北市105022南京東路四段25號11樓
www.locuspublishing.com
讀者服務專線：0800-006689
TEL：(02) 87123898　FAX：(02) 87123897
郵撥帳號：18955675
戶名：大塊文化出版股份有限公司

總經銷：大和書報圖書股份有限公司
地址：新北市新莊區五工五路2號
TEL：(02) 89902588 (代表號)　FAX：(02) 22901658

初版一刷：2012年12月
初版七刷：2023年3月
ISBN 978-986-213-392-7
定價：新台幣 280元
Printed in Taiwan

國家圖書館出版品預行編目（CIP）資料

舊日時光 / 陳柔縉著.-- 初版.-- 臺北市：
大塊文化, 2012.12
面；　公分.-- (Mark ; 94)
ISBN 978-986-213-392-7(平裝)

1.生活史 2.台灣史 3.日本時代

733.409　　101022808

舊日時光

陳柔縉 著

目次

商業財金

異國情緣

學生生活

女性摩登

歷史與我

歷史特派員

路寒袖

近十幾二十年來，文化界最大的收穫之一是陳柔縉這位「歷史特派員」的現身。

她就像《魔鬼終結者》的電影情節，從現在回到過去，單槍匹馬的為我們回溫、重建那諸多如《明天過後》迅速冰凍、瓦解的生活記憶。

陳柔縉擁有超人般的忍術，可以長久潛伏於歷史的陰暗角落，從頹圮荒蕪的舊帙裡搜索斷簡殘篇，然後抽絲剝繭，寫出一篇篇我們既熟悉又很不熟悉的題材。

質樸而剛健毋寧是陳柔縉的文字基調，不過如果你多一絲敏感，立即就可感受到她那特有的豪邁之中，隱隱然綿綿律動的女性溫婉。

但這些都不足以詮釋陳柔縉的魅力。

在她的文章裡，處處可見彷彿信手拈來的例證，寥寥數語的一句結論，無不是她翻閱數千、數萬倍篇幅的史料，並花費無數心力查證、比對而得的。

這是來自知性的魅力。

爬梳過去容易跌入盜墓的陷阱，但陳柔縉的能耐是將一堆時間的琉璃碎片組裝成一座座巍峨的七彩寶塔；由於每一片都經過她親手細膩的撫摸擦拭，重新裁剪，因此，片片盡是她的手漬與心思。這是感性的魅力。

請盛裝打扮以赴童年的約，這是閱讀陳柔縉必備的基本禮儀。在她的字裡行間散步，兩側的句子縷縷散發出時間的芬芳，而當我們著了這股迷魂香時，陳柔縉則好整以暇的使出她最擅長的獨門密技，那就是，在讓過去活了過來的同時，將我們遣返過去。

翻讀一冊老相簿

黃哲斌

陳柔縉的文章，像一冊既厚重又輕盈的老相簿。

厚重，因為當你走進她細心佈局的文字，彷彿踱入歷史的幽巷曲弄，啊，原來曾有北韓刺客潛來台灣，謀刺裕仁天皇的岳父；啊，日治時代的修身課，原來靜靜地影響著台灣文化的基因；啊，原來平埔族西拉雅血脈比我們想像更近，而柔縉以自己的身世追溯，提醒這件事。

輕盈，因為她的每一篇文章，都像一幅品相良好的黑白照片，各自講談一則迷人的典故，一則讓人津津有味的昏黃敘事，廚房裡的龜甲萬醬油，藥箱裡的虎標萬金油，梳妝台上的資生堂，還有我們童年視作豪奢品、只有每學期遠足才能吃到嘴裡的明治與森永，它們各自種種，竟然與台灣瓜葛如此。

陳柔縉的文字，實則更接近影像，讓我們「看見」一張又一張，如此鮮明活潑的歷史快照，被解凍的古老記憶，被釋放的親切生活。

透過紙頁，我彷彿「看見」生於一九三二年、長於台北大稻埕的母親，每每談及「日本時代」，總要先以日語滔滔講述一次，然後快活地以台語轉譯給我們聽的神情語氣，她口中熱烈浪漫的，既是她的少女時代，也是整部家族小史，某個斷代的集體回憶。

然而，陳柔縉的時代相簿，又不只是懷舊的，同時也是現代的。她寫日治時期的個人所得稅，寫當時各行業的所得差距，也寫第一批留學海外的女性，寫台灣各地夜市風華的起源始祖，寫一九二一年來台的美國職棒隊，放進現今時空脈絡，竟有各自的新聞意義，各自的對照反差，各自的知識樂趣。

換言之，柔縉的文章不在懷古，不在耽眷往事，更重要的是，透過昨日，讓我們更理解今天，更理解彼此。這些舊事如此沉靜，如此綿密，讓人看見，鏡中的自己。

「原來，在這塊土地出生、求學、成長、老去的我們，承繼著這樣的微物基因呀。」我讀著這些文章，每每暗生這款驚嘆。

或許，這正是如此一本老相簿，讓人來回撫挲，不忍讀畢的緣故，我們都自頁冊之間，瞥見自己在時光洪流裡，似曾相識的細微落單身影。

角谷愛國堂藥房
酒
カルピス

老牌子

張國周也是資生堂

1

❶老牌的張國周強胃散，創辦人在日本時代創業之初，店號為「資生堂藥房」。
❷資生堂的香皂化妝品，曾由盛進商行代理。圖為二〇年代盛進店前的宣傳隊伍。

說起資生堂，大家連想到的可能只有抗痕、誘白、增豔、打退黯沉的種種化妝品和口紅。對日本時代的台灣來說，資生堂有三家，除了是美妝品牌，資生堂還意指另外兩家藥房；台北的「資生堂藥舖」比之更早有名，台南的「資生堂藥房」則是名藥張國周強胃散製造廠的前身。

以化妝品聞名的資生堂，其實起步之初也是一家藥房。創辦人福原有信是海軍病院藥局的主管，一八七二年在東京日本橋創業，開辦西洋藥局，當時知名的醫學博士松本順擷取中國易經坤卦的「至哉坤元、萬物資生、乃順承天」，幫忙取了「資生堂」這個大器的店號。現在大家熟悉的SHISEIDO，則是資生堂的日文

拼音。

福原經營資生堂有聲有色，他容許往來的各地藥店也掛上「資生堂」的招牌，日文稱這種掛名分店為「暖簾」。一八九六年，即日本治台第二年，中田銀三郎落腳台北城內，就在今天重慶南路一段九十七號世界大樓這邊，也打出資生堂的旗號，開起「資生堂藥舖」。

中田的資生堂藥舖裡，販售東京資生堂的著名商品齒磨（牙粉）和化妝品之外，一九一六年，報紙有所謂的「物價欄」，以資生堂的貨品為樣本，調查西藥市價，羅列了次亞磷酸、絆創膏、蜂蜜、桂皮油，林林總總一百多項，足見資生堂藥舖規模之大。而店門口橫著大看板寫了三個大字「寒熱丸」，那是治療瘧疾的專門藥。另外，富含維他命C的果精、罐頭牛乳，甚至德國製的老鼠藥也賣。二〇年代，面速力達母也擺進資生堂的櫃子裡，資生堂登廣告時，特別強調面速力達母是「不可思議非常有效的美國製家庭藥」。

一九三〇年以前，台灣的商店多未專門化，鐘錶眼鏡店賣腳踏車，並不稀奇，資生堂藥舖就兼賣照相器材。今天重慶南路、

❸ 圖為一九一〇年時的資生堂藥舖外觀。

❹ 一九一〇年當時的資生堂藥舖，店內有醒目而先進的收銀機。

衡陽路口的金石堂書店，戰前二〇年代以後，此地是日本時代台灣最大的照相器材專賣店「西尾商店」，老闆西尾靜夫出身資生堂，正因資生堂藥舖也賣照相器材。

一九〇八年，資生堂藥舖的老闆中田銀三郎就過世了，太太堅子一肩扛起。堅子不愧是武士之女，硬是把名字裡的「子」給去掉了，一概以「中田堅」之名，如男人般，行走江湖。在她的領導下，資生堂藥舖果然堅挺不搖，一直是日本時代台灣的知名大藥房，到日治末期，北中南都有支店。

能成為大商店，在廣告宣傳上通常都很積極。一九〇八年，台灣西部縱貫線鐵道開通，慶祝活動之一的共進會，很像今天的博覽會，有許多展示。資生堂藥舖這種大店沒有缺席，提供了假人蠟像參展。蠟像乍聽起來好像很可愛的玩意兒，資生堂推出的

資生堂

5

❺❻福原信三將資生堂轉型為化妝品公司，並親自設計了山茶花的商標。圖為戰前資生堂在火柴盒上的廣告，色彩和圖案都散發清雅的氣質。

卻是長痲疹長瘡的蠟像，頗為嚇人。加上肚子、手腳的模樣也做得逼真，裸露於外，在保守的年代，有人顧慮婦女看了會花容失色，撤除之議紛紛出籠。結果，大家根本就是多慮了。台灣人愛新鮮，愛看熱鬧，資生堂的蠟像沒嚇跑人群，反而和某店的製麵過程，同列最夯展項，引來最多的民眾圍觀。

日本時代，許多台灣人進入日本人商店做事，學到做生意的方法。像行天宮創辦人黃欉，十幾歲就從三峽家鄉進入台北京町（博愛路一帶）一家日本人五金店，後來就跟哥哥獨立門戶在萬華開五金店。也有台灣人進資生堂藥舖工作，只是從報紙看得到的資料，僅僅左興此人辜負店主的信賴，偷走倉庫三十斤水銀；葉份這位店員勾結外人，偷了藥，再八折賣給外頭執業的醫生。

賣化妝品的資生堂，也有台灣籍員工，情況就完全不同了。蔡萬春後來開創國泰集團，帶領弟弟蔡萬才跨進保險業，因而有今天的富邦集團。

蔡萬春待過的「資生堂台灣販賣株式會社」，就是現在大家熟知的資生堂的台灣子公司。資生堂原本生產藥和牙膏為主，到一八九七年，也開始製造有藥劑成份的化妝品。福原有信的三子

6

信三原來專攻藥學，一九〇六年前往美國學習化妝品的製造與販賣方法，哥倫比亞大學畢業後返國，讓資生堂大步往化妝品公司轉型。

這位三少爺學過畫，成年後又玩時髦的照相，頗有藝術涵養。一九一六年，他把自己關在房間裡，玻璃杯裡插一枝山茶花，不斷素描，大約一個禮拜，終於把山茶花圖案化，資生堂著名的商標「花椿」（山茶花）於焉誕生。

淡雅高貴的花椿商標獨步當時的廣告，與眾不同，資生堂的廣告很長一段時間，都是細雅的線條，勾勒出花草，脫俗的畫面，在雜誌、在報紙，發出自己獨特的香味。

資生堂臺灣販賣株式會社於一九三七年四月設立，事實上，在此之前，資生堂的化妝品和香皂早已是市面常見的牌子，由台北一家老店「盛進商行」獨家代理。一九三五年，台南鹽水就有一位周丙丁，買了資生堂的香皂，參加抽獎，獲得一等獎五十圓。五十圓約當一般人兩個月的薪水，周丙丁捐出來幫助窮人，在當時傳為佳話。

日本戰敗，資生堂藥舖和資生堂台灣販賣會社隨之消失。

❼ 資生堂化妝品會社在東京開設典雅而專門的美容室，吸引時髦女性前來追求美麗。

❽ 一九四一年在中國地區發行的資生堂化妝品廣告海報。

一九五七，資生堂才重現台北，是日本資生堂戰後在海外的第一個據點。

說起台南市張國周的資生堂藥房，戰後可是家喻戶曉，其產品「張國周強胃散」鎮撫過無數台灣人作亂的腸胃。張國周是早期少見的藥劑師，留學東京藥學專科學校（今東京藥科大學），一九三〇年畢業，一九三三年底在台南市白金町三丁目二十八番地開設資生堂藥房。

張國周擅長宣傳，一九五〇年代就製播廣告影片，並在電視上強力播放五、六十年，「張國周強胃散」幾個字跟「大同大同國貨好」、「綠油精綠油精」一樣，種植台灣人腦海之深，大概連神明也拔不掉了。事實上，張國周在日本時代開店的第一波宣傳，也是放廣告影片，據報載，在台南公會堂播放時，也是大滿員。不過，戰前戰後有一點小不同，張國周後來把店名稍改，少了「堂」，變成「資生製藥廠」。而現在，強胃散完全擺脫「資生」，只看得出來是「張國周製藥」公司的產品。張國周也是資生堂的故事，已成泛黃的昨日歷史。

8

龜甲萬的艋舺人總經理

❶ 龜甲萬廣告非常在地化，民間歌謠「安童哥」也拿來填詞做宣傳文案。

看到「龜甲萬醬油」，耳邊響起電視廣告的吟唱「龜甲萬甘醇醬油～」，還有菜刀切砧板的清脆聲，切出龜甲萬的六角型商標。

台灣人很熟悉龜甲萬，但龜甲萬卻非台灣「原生種」。如同

◎安童哥　上菜市買到貨味滿滿是亦有醬油龜甲萬　就叫人心姉　做菜味　隨講起　龜甲萬醬油眞香派食着大家愛　龜甲萬醬油　好味甲好素　買來用有主顧

天下一品

最上

萬

醬油

宮內省御用達　野田醬油株式會社

台灣的雲林縣西螺，日本自古也有著名的醬油產地，千葉縣的野田市就是其一，龜甲萬即誕生於此。

八世紀的中國唐朝時代，醬油製造法傳入日本，十六世紀，千葉的醬油才正式起步。在野田地區，主要有高梨和茂木兩個產製醬油的家族。一次世界大戰後，為避免無謂競爭，高梨和茂木兩家的八支系統於一九一七年聯合成立「野田醬油株式會社」。各支的產品標記有兩百多種，最後選定茂木佐平次這一家的「龜甲萬」為統一商標。

商標六角形龜甲內有一個萬字，創思源自家鄉千葉有名的香取神宮。日本在明治以前，只有伊勢、鹿島和香取的神社被尊為神宮。香取神宮所在的山叫「龜甲山」，再加上「鶴者千年、龜者萬年」的概念，茂木家族便想出龜甲萬這個寄意久遠的標誌。

商標專利不是日本傳統的概念，當明治天皇努力歐化時，有個年輕人在他面前解釋甚麼是商標專利，年輕人畫了兩個知名的商店標誌，一邊告訴天皇：「商標讓人一看就連想到製造廠商，所以應該得到保護。」這位年輕人名叫高橋是清，十二歲被仙台藩送去美國當小留學生，後來成為第一任「特許廳」長官，主管專利，現在特許廳內一樓大廳還立著他的半身塑像。而當初他在明治天皇畫的兩個商標，一個是「丸堪」醋，一個就是「龜甲萬」醬油。

龜甲萬來台已超過百年，一八九七年，日本統治台灣的第三年，當台北城還未拆毀，台北市容還維持著清朝統治的模樣，多數台灣家庭還自釀烏豆醬油時，日本人著名清酒商「辰馬商會」已經落腳大稻埕淡水河邊的建昌街（今貴德街），代銷大豆釀造的「龜甲萬」醬油了。

日本時代前期，商業還未細化，一家商店可能同時賣鐘錶、眼鏡、珠寶和腳踏車，另一家商店可能既賣西藥，又賣照相器材，辰馬商會也是除龜甲萬醬油之外，還販售清酒和可爾必思。反過來，龜甲萬也非一家專賣；到了二〇年代，台灣南北就有八

❷一九三五年，台灣舉辦空前盛大的博覽會，散布會場各地的板凳，上有龜甲萬醬油的廣告，來歇腳休息的觀眾，坐到自然就會看到。

❸日本龜甲萬醬油在戰前的壓榨工場。

家特約經銷商。二〇年代末期，日本進口的醬油，龜甲萬佔走一半的市場。爭逐熱門利益，八家經銷店井水亂犯河水，價格不一，惡性競爭。

終於，一九二九年初，各經銷店找出一個根本解決辦法，糾集合組「龜甲萬醬油販賣株式會社」，社址在今重慶南路一段彰化銀行旁邊。戰後一九六四年，野田醬油株式會社才改名「キッコーマン」（唸做kikoman，即龜甲萬）醬油株式會社，沒想到三十五年前，台灣的經銷公司早以「龜甲萬」為名。

一九二九年，「龜甲萬醬油販賣株式會社」一成立，台北商界跟著浮出一位傳奇的台灣人。龜甲萬是日本來的醬油，八家經銷店的老闆是日本人，新龜甲萬會社的取締役（董事）和監查役（監察人）也清一色日本人，但是，新龜甲萬的支配人（總經理）卻由一個艋舺人出任。

此人叫黃鐵，不為世人熟知的名字，但若說他是台北帝大的農學博士、台灣第一位農學博士徐慶鐘的岳父，就多了熟悉感。徐慶鐘歷任農林廳長、內政部長，蔣經國擔任行政院長時，再拔擢為副院長。李登輝在政壇冒出頭來，被蔣經國看到，咸信跟老

3

師徐慶鐘有關。

黃鐵原在辰馬商會供職，想必能力過人，才會出線。說也有趣，自從台灣人掌龜甲萬經營之軍符，龜甲萬手法開始明顯在地化，廣告充滿濃濃的台灣味。

黃鐵任總經理未滿四個月，一九二九年五月就出現純閩南語發音的漢文廣告，要大家買去做料理，互相請客。文案寫道

「龜甲萬、好醬油、新到元封莊、
大家愛來、買去煮菜湯；
龜甲萬、好醬油、人人都知影、
大家著來、買去相請」

到了一九三〇年代，更推出台語廣告歌，配以歌仔戲、安童歌的曲調。還有以「黑貓團跳舞歌」填詞，加上穿裙子跳舞的貓咪漫畫，讀來趣味萬分。文案如下

④

醬油總是料理用
醬油千萬款
比不得龜甲萬
爾那不信
請爾買一壜
來、試試看看
煮魚 焐肉
燒鰻 燉鱉
省工省時省配頭
美味好食快入喉
氣味清香真正好
各家各戶不使無
好、
醬油總是料理用
醬油千萬款
比不得龜甲萬

❹台灣龜甲萬在一九三四年推出「黑貓團跳舞歌」廣告，漫畫的跳舞貓咪超古錐，充滿現代感。

❺一九三六年，台灣龜甲萬於鼠年大年初一推出的拜年廣告。

一九三六年一月二十四日，龜甲萬又推出極本土化的廣告，兩隻穿西裝的老鼠合力抬著壜裝的龜甲萬醬油，上頭寫著「大家恭禧」四個字。原來那一天正是農曆大年初一、鼠年第一天。隔年二月十一日，又是農曆春節初一，換成台灣水牛帶著龜甲萬來拜年。日本人早在明治時代就西化用新曆，新年去神社拜拜，都改到西曆元旦，顯然，老鼠和水牛的拜年廣告是專給台灣人看的。

現在，龜甲萬還是台灣人熟用的醬油，不過，已多是台灣製造。日本時代不一樣，每一滴龜甲萬醬油都從千葉搭船而來。吹過海風的龜甲萬，會增添幾分香嗎？還是，多幾分不易與珍貴呢？

老牌子

來自緬甸的虎標萬金油

❶

井上健作從日本的美術學校苦學畢業，來台灣依親。初到之時，就被跳蚤蚊蟲咬個半死，拼命拿砂子搓身體去癢。大嫂見狀，不禁笑說：「真可憐——趕快洗一洗，我拿藥給你擦。」她從壁櫥拿出來放在榻榻米上的，正是「萬金油」。健作後來「打開蓋子聞了聞，然後用手指沾了一點擦在紅腫的部位。本來發燙、紅腫的地方，剎那間就舒服了許多。」

健作是小說主角，出現於台灣前輩小說家楊逵一九三六年的作品〈頑童伐鬼記〉。與其說健作的大嫂偏愛萬金油，不如說，七十幾年前，楊逵發表這篇小說的當時，萬金油已廣為人知，才會被拿來入作。

❶ 虎標萬金萬由緬甸仰光的華僑藥店「永安堂」原創，二〇年代，公司總部移往新加坡。創辦人胡文虎並以老虎為商標，呼應自己的名字。

❷ 嘉義市藥界巨頭「泰西商會」經營各種名藥的批發，外牆掛有永安堂的虎標和八卦丹的招牌。

楊逵在小說裡，不只一次提到萬金油，而且，萬金油的功效愈來愈大，除了止癢，還可以止血。健作的姪子次郎去垃圾堆玩，誤踩了玻璃碎片，血流不停，「小腳小指頭幾乎快斷掉似的懸垂著」，痛得哇哇哭。大嫂抱著次郎到客廳，一面用尿布擦乾次郎的腳，一邊說：「健作，拿藥來！」這時，健作拿出來的，又是萬金油。楊逵當時所寫的「萬金油」，並不一定是現在大家熟知的「虎標萬金油」。一九三〇年代，虎標萬金油不是偽造品叢出，就是冒出「猩標萬金油」和「番頭標萬金油」這類山寨品，魚目混珠，瓜分市場。

在現代台灣人的眼裡，虎標萬金油這種漢方膏藥，似乎自始就是台灣本土品牌，可能猜測從清代中國傳來，事實不然。虎標萬金油既是南洋輸入的舶來品，也是日本時代才出現的家庭常備擦劑。

看創辦人名為胡文虎，就知道萬金油的罐子蓋子上的老虎打從哪裡來了。胡文虎祖籍福建永定，父親隨著離鄉潮，僑居緬甸仰光，經營「永安堂」中藥行，一九〇八年，父親去世，二十六歲的胡文虎和弟弟胡文豹接掌永安堂。隔年，胡文虎到泰國、日

❸虎標永安堂派人來台追查，最後逼使非法偽造的商人登報謝罪。

本轉了一圈，視野大開，瞭解中西藥業，回仰光後，研發出好幾種藥，其一就是萬金油。

到一九二〇年代，虎標萬金油在東南亞已躍居知名商品，到處有永安堂的分行和藥廠，廣告也大版大版刊登報紙，總部更遷往英國殖民地新加坡。

目前資料無法判斷，一九二〇年代，台灣是否有個別人或商店使用或販賣虎標萬金油，但一九三〇年是確知的一年，台北大稻埕永樂町（今迪化街）的中藥名店「乾元」取得總代理，五月間曾推出促銷活動，買一罐三十錢的萬金油，免費到永樂座戲院看影戲。而且據《台灣日日新報》報導，這一年，胡文虎來過台灣，拜訪了艋舺的愛愛寮。施乾先生在此收容乞丐，親自刷洗他們的身體、幫忙理髮，也教他們編草笠、草鞋，讓乞丐走出愛愛寮時，有自立謀生的能力。胡文虎在東南亞一直以散財做慈善和教育聞名，參觀愛愛寮之後，也「慨捐五百圓」。

胡文虎前腳才走，不知何故，萬金油代理權很快換人，一九三〇年秋改給了同在永樂町的楊裕發商行。此時，台灣的報紙開始出現許多虎標萬金油的廣告。

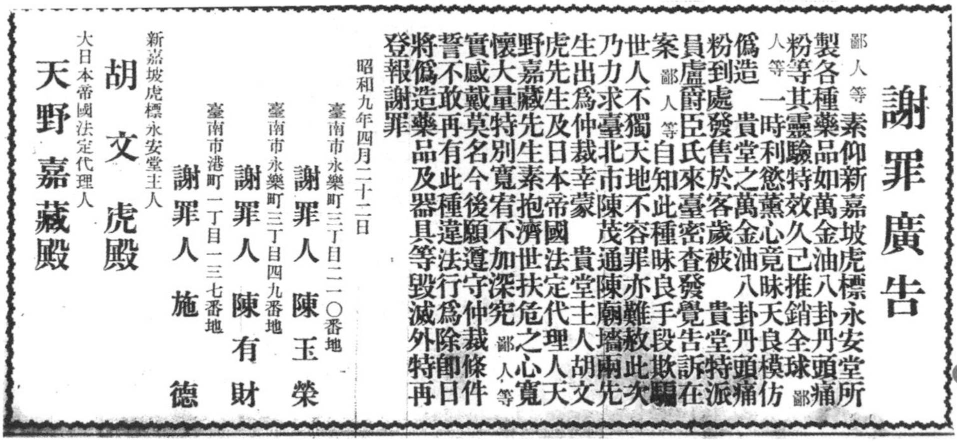

謝罪廣告

鄙人等素仰新嘉坡虎標永安堂所製各種藥品如萬金油八卦丹頭痛粉等靈驗特效久已推銷全球鄙人等一時利慾薰心竟昧天良模仿偽造　貴堂之萬金油八卦丹頭痛粉到處發售於客歲被　貴堂特派員盧爵臣氏來臺密查發覺告訴在案鄙人等自知此種昧良手段欺騙世人不獨天地不容罪亦難赦此次乃力求臺北市陳茂通陳廟牆兩先生出爲仲裁幸蒙　貴堂主人胡文虎先生及日本帝國法定代理人天野嘉藏先生素抱濟世扶危之心寬懷大量特別寬宥不加深究鄙人等實感戴莫名今後願遵守仲裁條件誓不敢再有此種違法行爲除即日將偽造藥品及器具等毀滅外特再登報謝罪

昭和九年四月二十二日

臺南市永樂町三丁目二一〇番地
謝罪人　陳玉榮

臺南市永樂町三丁目四九番地
謝罪人　陳有財

臺南市港町一丁目一三七番地
謝罪人　施德

新嘉坡虎標永安堂主人
胡文虎殿

大日本帝國法定代理人
天野嘉藏殿

3

現在大家認知的萬金油只是一種擦劑，從老廣告上看，以前的萬金油卻有吃進肚子的「服法」，說是「將此油取三分用茶或滾水沖服」，治療範圍又從中風、霍亂到感冒、止咳化痰，戰前的萬金油真是神奇多了。

萬金油的廣告本身也頗有特色，一律中文，顯然鎖定台灣人顧客群，排除日本人。部分廣告內容也不直接訴求產品藥效，而是大談人生道理，說教勸善。例如有題為「努力」的廣告，要人惜取光陰，「凡屬國民無論士農工商須於年輕時代發揮其智能努力其事業老來晚景可無慮安享其娛樂矣」。

這種訴諸品行道德的廣告，與現今的形象廣告，衛生紙裡談愛情，汽車裡談家庭價值，精神有幾分相似。不過，早在虎標萬金油之前，一九二〇年，翹鬍子仁丹也曾推出過「金言」系列廣告，引用世界各國的金律格言，沒有其他字句論及商品本身，雖未直接推銷，卻營造了正派的企業形象。

虎標萬金油的廣告也表露特有的草莽氣質。譬如一九三一年，有台灣人賣某某油，冒稱是胡家的兄弟，胡文虎氣得登「無恥者之無恥」的廣告，大罵「冒姓假名。認人作父。其人格之墮落。固令人齒冷。而招搖混騙。漁利殺人。其罪更不容於誅。」

又譬如說，台灣的仿冒歪風惹毛胡文虎，一九三四年，乾脆派遣專人來台，長住秘密調查，再向警察舉發搜捕偽造品，逼使三個偽造主謀者登報謝罪。一般大老闆到此大概就會歇手，胡文虎卻還再補一拳，登廣告啐罵「狼子野心貪利忘義」才甘心。類似這樣「重鹹」的廣告內容，在日本時代可說是「獨樹一格」。

一九三四年，虎標永安堂跟台灣總經銷楊裕發商行便不歡而散。隔一年，胡文虎索性在台北市太平町三丁目（今延平北路二段之南京西路到民生西路之間）設立永安堂的臺灣支店，並派新加坡本店的職員來駐店管理。此舉顯然不能有效嚇阻，之後仍有偽造仿製的情事。讓不肖商人愈敢冒不法，也可見虎標萬金油在台灣受歡迎的程度。

六〇年代出生的作家鍾文音曾說，「我母親非常偏愛虎標萬金油」，那氣味「幾乎是我對母親身體氣味的記憶」。鍾文音還說，玉蘭花的香，讓她有窒息感，衣櫃的樟腦味讓她逃之夭夭，「唯獨虎標萬金油是聞之開心」。或許，鍾文音的幾句話可做為虎標萬金油風行台灣八十年的一個註解。

森永牛奶糖怎麼來的？

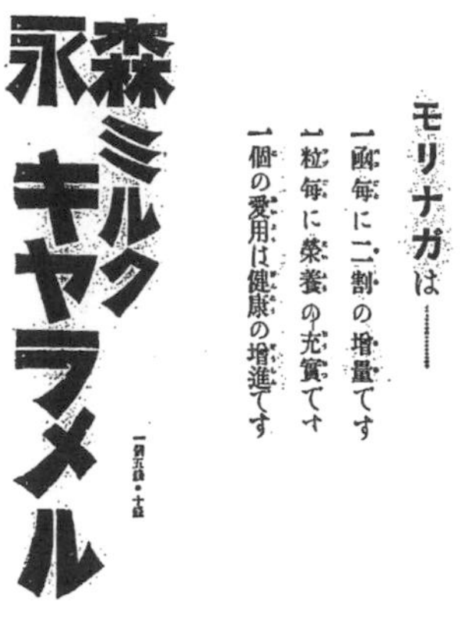

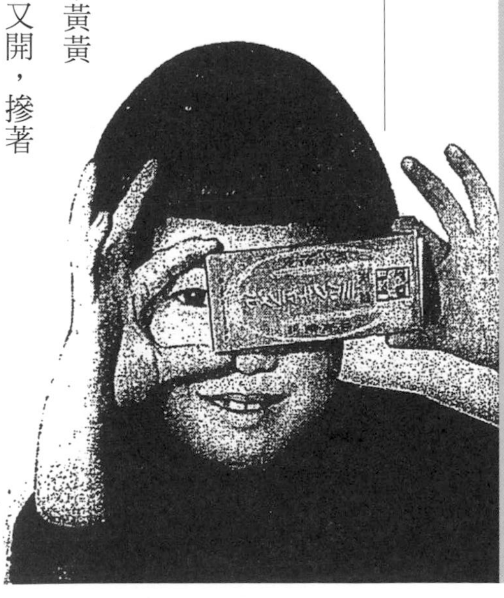

森永牛奶糖小小黃黃的紙盒子，我們開了又開，摻著土黃甜汁的口水，流了又流，童年因而多了好幾分甜。但是，森永牛奶糖怎麼來的？為什麼盒子上面有一個天使？身旁有許多東西，說起來，再熟不過，如一起長大的同學；問起來，卻又陌生如剛搬來的鄰居。許多老牌子就是這樣的東西。

森永牛奶糖誕生的隔年，即現身台灣，登台至今已超過九十年。

森永牛奶糖來自日本，文學一點，無妨說是孕生自陶窯。做

森永
ミルクキャラメル
此の菓子ありて
いつも
チャムピオン

1 出第一塊森永牛奶糖的森永太一郎出生佐賀的伊萬里，這裡正是日本著名陶瓷「有田燒」的窯區。太一郎的祖父原為首屈一指的陶磁商，但到父親一代，已然沒落。太一郎六歲失怙，母親再嫁，環境逼迫他十幾歲就拋頭在街頭，叫賣蒟蒻。

稍長，太一郎在別人的陶瓷店工作，為了銷售，前往美國，卻飽嚐失敗。有一天，坐在舊金山的公園長椅，飄落地面的一張小小牛奶糖包裝紙抓住了他的目光，靈光一閃，太一郎決定「就在日本賣這個！」此後十一年，太一郎一直留在美國學做蛋糕、麵包和糖果等等甜點。

十九世紀最後一年的八月十五日，太一郎帶著美國學來的烘焙技

2

❶一九一九年的森永牛奶糖廣告，已經運用版畫手法，以活潑的圖案，搭配簡潔的文案「有這個菓子，一直是冠軍」，訴求牛奶糖有強大的能量。
❷土黃色紙盒包裝的森永牛奶糖，好像不曾在任何人的童年缺席。

藝，在東京赤坂把「森永商店」的招牌掛起來。王永慶從小米店起步，國泰集團從小醬油廠開始蛻變；今日的大企業，昨天都是小店。森永也是一樣，最初的店面只有兩坪大。

森永最早賣的並非牛奶糖，而是一小丸一小丸的棉花糖。一九〇四年，森永太一郎才把舊金山公園裡的靈光喚醒，開始製造牛奶糖。當時的包裝跟今天完全不同，即便最小的包裝，也有六十顆糖，而且用小罐子裝著。現在大家所熟悉的紙盒包裝，是逐漸修改來的，不是一次到位的設計。

森永的天使商標，則跟太一郎在美國成為虔誠的基督徒有關。一九〇五年，太一郎描畫了一個可愛的天使，再加上自己名字Taichirou和姓氏Morinaga的英文縮寫字母「TM」，完成森永天使商標，陪伴幾代人成長。

「ミルクキヤラメル」（牛奶糖）的名稱則到一九一三年才啟用。一九一四年三月二十日，菊黃的小紙盒上，天使頭朝下，彷彿降臨人間；天使下方再印上「ミルクキヤラメル」（牛奶糖）的字樣，現在大家熟悉的森永牛奶糖的模樣，終於組裝完成。太一郎利用在東京上野公園舉辦的大正博覽會，擺了特賣店

3

❸三〇年代，森永於台北今館前路東側上的販賣株式會社，店面兩邊的看板，右邊寫「牛奶糖」，左邊寫「牛奶巧克力」。

❹ 森永一九三九年的一個開店廣告，字體和圖案都很可愛。

❺ 圖為戰前日本的森永工場，女性員工正在埋首牛奶糖的包裝作業。

開賣，一小盒十錢，意外一炮而紅，從此進入大量生產。

一九一五年，越過東海，森永在台灣也賣力推銷牛奶糖起來，南北有七家經銷特約店。報紙開始刊登廣告，廣告中可看見分大小盒兩種包裝，大盒約名片大，即現在市售常見的包裝，一盒賣十錢。當年一份報紙八個版，一個月報費要六十錢，換算起來，買一盒森永牛奶糖，可買五天報紙，可見初來的森永牛奶糖比現在貴多了。

可別以為森永牛奶糖只是哄騙幼稚小童的塞嘴玩意兒，一九一五年森永牛奶糖的廣告，很明顯標示「煙草代用」，可以替代香煙。翻成現代白話說，嘴巴閒著無聊，要抽煙不如嚼牛奶糖。其中，也可以看出，初期森永不以兒童為靶，成人才是消費群主力。三〇年代以後的廣告，推銷對象才轉向鎖定兒童。

森永太一郎本人平時更把「牛奶糖比酒還有營養」掛在嘴上。一九二七年，他來台灣遊覽視察時，在台北大酒樓蓬萊閣宴請一百五十位小賣商人，就徹底實踐信念，以牛奶糖代替了酒。

最早期的森永廣告還強調，常吃牛奶糖，可調和胃腸、咽喉舒暢、醫治身心疲勞、補充無窮精力。用現代的頭腦想，有點難

5

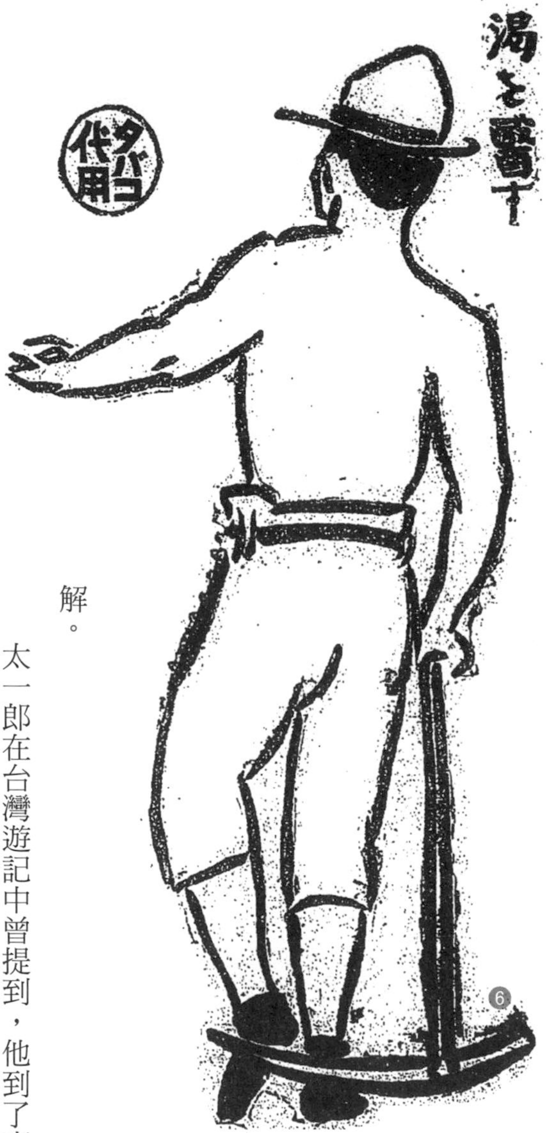

解。

太一郎在台灣遊記中曾提到，他到了高高的阿里山上，發現一家台灣人開的店內，竟然有賣森永的糖果，台灣籍老闆的日語也很流利，讓他很感動。

戰前，森永產品深入台灣各角落，多少跟森永的廣告攻勢有關。從一九一五年到戰爭末期，森永不斷丟出嶄新的廣告推銷術，有直接推銷產品，也有很多俾益企業形象的做法。譬如到全台各地辦「森永日」，放免費電影；或者元旦過新年到台灣神社（位於今圓山飯店）參拜，拿一張十錢的牛奶巧克力包裝紙進台

森永ミルクキヤラメル
此の精力はポケットのキヤラメルで
無盡藏に補はれる
ニセモノあり森永に御注意
森永製菓株式會社

❻一九二一年的廣告，以拿鍬的勞工為主角，強調森永牛奶糖可以替代香煙，顯然當初牛奶糖並不完全屬於兒童的零食。

北火車站，可免費搭到圓山；也向全日本徵件，以森永牛奶糖的空盒製作藝術品，然後在台北最大的百貨公司「菊元」六樓開展覽，展出四百件，台灣兒童的作品有幾十件；還與台北市政府、婦女組織到「圓山遊園地」（今市立兒童育樂中心）合辦母親節，讓兒童唱歌跳舞感謝媽媽，喊「媽媽萬歲」。

九十幾年來，數不清時代都翻滾幾圈了；從電影沒有聲音、出國只能坐船，到用電腦傳信、網路購物，許多老牌子被潮流吞噬，還存在的老牌子也多半換了名字或換了味道，唯有森永牛奶糖，依然一襲黃色樸素舊裝，讓大家還舔得到童年的甜，好像，童年不曾飄遠，隨時，呼喚即來。

原鄉在麻豆的明治巧克力

賣場和超商的巧克力區，少不了meiji（明治）這個老牌子。陪伴台灣人的百年名牌商品中，森永牛奶糖、資生堂、中將湯、龍角散、奇應丸、屈臣氏等等，都比不上明治巧克力跟台灣的淵源深厚。

台南的麻豆可以說是明治巧克力的原點。明治創辦人相馬半治最早以文部省留學生身分前往歐美三年，研究砂糖和石油，回國後到殖民地台灣擔任總督府「臨時臺灣糖務局」技師。一九〇六年，三十七歲的相馬從技師搖身一變為製糖老闆，在台南麻豆創辦明治製糖株式會社。明治製糖即孕育明治巧克力的母體。

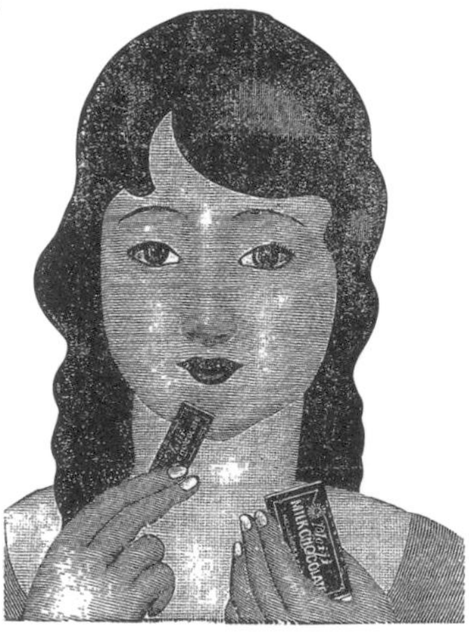

❶ 戰前的明治廣告，年輕女性垂著捲曲的燙髮，手拿巧克力，兩者都屬摩登，相互烘托。

明治製糖建廠又併吞他廠，一九三〇年代，單單在台灣中南部就已經有七個工場。戰後，明糖被國民政府接收併入台糖公司，現在台糖的總爺糖廠、溪湖糖廠、佳里糖廠，原來都是明治製糖的廠區。

產糖的老闆，不久頭腦又動到下游的糖果、牛奶糖等糖製零食。一九一六年，相馬半治再創「東京菓子株式會社」於東京的日本橋。隔年，東京菓子的營業額不到六萬圓，老大哥「森永製菓」已達三百五十萬圓，似乎望塵莫及。到了一九二四年，東京菓子急起直追，來勢洶洶，成長了一百倍，衝到快六百萬圓，遠大過森永的三倍成長率。

就在明治向上衝刺之際，明治巧克力問世了，其生也逢時，一九二三年九月關東大地震，大毀了東京，卻也帶來復甦的新興氣象，加上巧克力飽滿的摩登氣質，與追新的社會氣氛一拍即合。

一九二四年九月一日，震災週年這一天，「東京菓子」改名「明治製菓」，商標「旭日中有明治的英文縮寫MS的字母」，也開始印上巧克力包裝。

❷ 明治巧克力最古典的包裝圖案，一直沿用至今，歷久猶新。

❸❹ 明治除了巧克力，戰前還有多種產品，例如圖中正在裝罐封箱的煉乳。

現在，談日本大眾的巧克力，明治是箇中代表。早在一九三○年代，明治已經成功雕刻「明治即巧克力」的印象在日本人腦子裡。一九三三年，明治花了很大力氣搞宣傳；先是徵「明治巧克力之歌」的歌詞，接著灌製唱片，還做廣告電影片，都是很新穎的創意。以漫談（類似單口相聲）聞名的大辻司郎，講出「明治的菓子好吃」，更成為明治巧克力的宣傳招牌。

台灣這邊，早先由越智商店代理經銷，一九二九年三月，明治製菓開始積極植根台灣，在台北本町二丁目（即今台北市重慶南路、懷寧街、漢口街和襄陽路圍起來的區域）設「明治製菓販賣所」。報紙忍不住寫道，明治製菓來台搞直接販售，「與同業森永之間，猛烈競爭可期」。

一九三○年，明治製菓又在榮町（今衡陽路兩側）開設「台北賣店」，當時是一種「喫茶店」，型態就像現在的咖啡店一樣，賣自家糖果、巧克力，也賣輕食和咖啡。

如果從今天衡陽路往西門方向望，明治製菓就在左側，三層樓高，白色樓面，中間橫著大大的招牌字「明治チョコレート」，即日語的「明治巧克力」。樓面最上方，描出幾個英文字

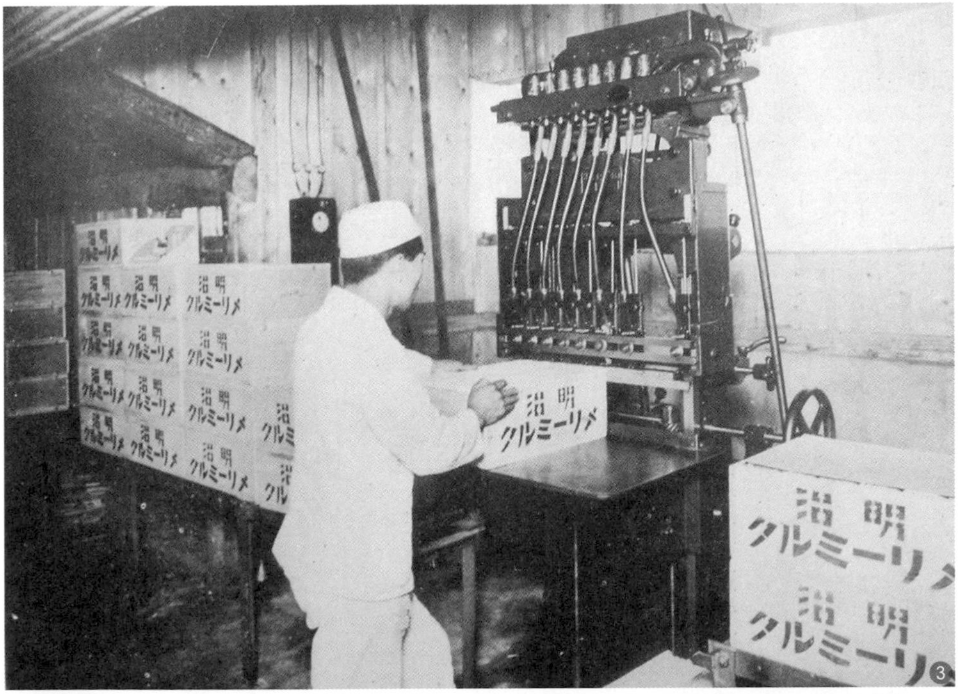

3

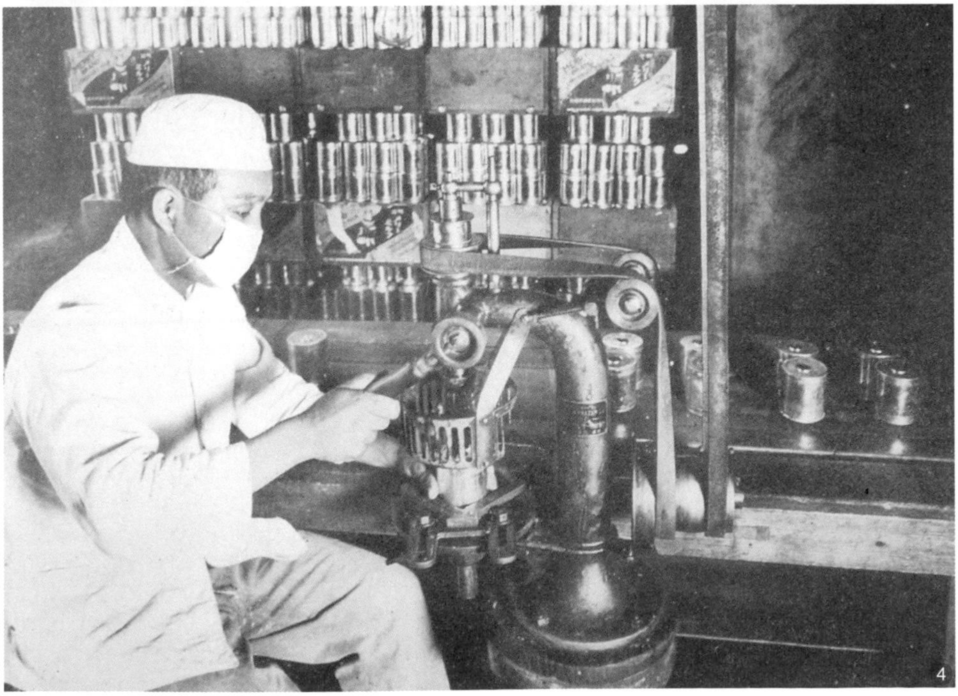
4

5

6

母「Meiji」，j還盪著長長的尾巴，顯露現代的、時尚的姿態。別小看幾個字母，這可是台灣第一個霓虹燈廣告。

十九世紀末，英國人發現「氖」，一九一一年，法國人Claude拿來細長玻璃管，抽乾空氣，打進氖氣，兩端封住並裝上電極通電，玻璃管發出奇妙紅光，幻化成霓虹燈。從此，霓虹燈橫掃世界，成為城市展示進步開放的最好裝置。一九三〇年秋天，霓虹燈也飛抵台灣，乘著「明治」之翼，向台北報到。

霓虹燈的亮光傳得比一般燈泡遠，利於夜間宣傳，三〇年代，成為台灣商店最時髦的廣告物。一九三四年的《臺灣婦人界》雜誌上，有一篇〈臺北喫茶店巡禮〉的報導，記者走訪了十三家臺北著名的咖啡店，並細數各家的特色。「明治製菓」知名度最高，記者就說，當明治的霓虹燈招牌照耀著榮町，其他喫茶店實在可以關門大吉了。

報導還說，明治製菓店的顧客有上班族、學生和婦人，每天座無虛席。客人上樓下樓，腳步輕盈。有蕾絲窗簾，有夢幻般顏色的壁紙。而明治迷常掛在嘴巴的話是「邊喝咖啡，邊聽唱片，真愉快啊！」

❺走進明治製菓台北賣店，性質類似今天的咖啡店，右側有玻璃櫥，左側有開放架放置各類商品，擺設也跟現在相差不遠。

❻明治製菓的三樓，可供小型聚會。小說家呂赫若就來過這裡。

❼台北市榮町的明治製菓台北賣店，樓面中央的日文，意即「明治巧克力」。

日本時代的喫茶店往往也是小型文藝聚會的首選。明治製菓在三樓就設「集會室」；有兩個長桌，搭配綠色植物和掛畫，簡單清雅。如果是餐會，吃的是湯、魚、肉、點心、水果、咖啡，近似西餐，一人收費一圓二十錢。茶會便宜些，一人七十錢，約看兩場電影的錢，明治賣店則提供咖啡、三明治、糖果和水果。

著名小說家、演劇家呂赫若在一九四二、一九四三年的日記，就多次記載光臨明治製菓；「台灣文藝家協會」在這裡開會，「台灣音樂欣賞之夜」也從明治的三樓樂符輕飄，呂赫若也

❽明治巧克力的廣告指出，凡購買滿兩圓，就可以兌換一張電影票，欣賞國際館即將首映的美國電影。

常在這裡和朋友聊天、吃午飯、「互相談論出版的事」。

明治這個牌子在戰前已經深入台灣社會，也可以從一個繪畫比賽一探。一九三四年，明治製菓株式會社舉辦全日本兒童繪畫比賽，題目不限，特選五名，佳作三十名，入選三百名。結果，台灣這邊投出一千兩百件作品，原住民小朋友入選二十五件，比非原住民台籍兒童的十件和日本兒童的十一件都超出許多。更特別的，台灣只有三人得佳作，但三人全來自原住民部落。報紙以日語片假名登出他們與眾不同的名字，唸起來是「米爛挪伊辦」、「亞霸伊挪民」、「霸西看台莫」，分別來自リモガン社（即今烏來福山村）、烏來社和リヨヘン社（今南澳利有亨部落）。

屈指算一算，三位原住民兒童今年應該還不到九十歲，或許，他們都還健在；或許，當時佳作的獎品手錶還收得好好的；或許，與明治的因緣，還清晰勾掛在他們童年的回憶牆上。

可爾必思發現了初戀的滋味

酸酸甜甜，有戀愛的滋味……傳達這種概念的廣告，到現在還有。

是嗎？戀愛的滋味是酸酸甜甜的嗎？誰說的？巧克力又苦又甜，不也是戀愛滋味嗎？

這就是商業廣告的魔力了。制約我們酸酸甜甜戀愛滋味的魔法師，正是知名老牌乳酸飲料「可爾必思」。

可爾必思的源起，跟創辦人三島海雲的中國經驗有關。十九世紀初，他跑去北京開設「日華洋行」，一九一二年辛亥革命，清廷滅亡，他的資產盡付流水，不得不回到日本重新開始。他想起在中國的那段期間，日俄戰爭爆發，他曾因負責供應軍馬，前

❶二〇年代的開放，從可爾必思一九二五年的廣告可窺一斑。

❷小黑人出現的同年，發生關東大地震，小黑人歪著頭的滑稽模樣，撫平了災後人心。

❸早期有一種廣告，本身就是遊戲，可爾必思這個迷宮廣告，從右上進去，中途必須循著可爾必思的日文「カルピス」的順序，最終從左下出口走出來。

❷

往蒙古。他發現蒙古包的門口常備酸乳，蒙古人可以長時間騎馬而不需休息，體能一極棒，與酸乳必有關聯。

可爾必思一九一九年開賣那天正值七夕，日子特別，創辦人三島海雲的包裝紙設計也很非凡，有群星聚築的銀河，藍藍的底色，散佈白色的露珠，襯托出七夕脫俗之美，與戀愛連結，極其浪漫摩登。

三島海雲有位學弟，名叫「驪城卓爾」，在中學教日文，當他喝了可爾必思，更以詩人般的舌尖，寫下「有初戀滋味」的感想。三島創辦人馬上拿來當廣告的標語，果然感染力十足，大受注目，可爾必思逐漸風行全國。

三島被譽為宣傳天才，理由還有一樁。他舉辦宣傳海報徵選，德國廣告圖案設計家的小黑人圖案並非第一名，三島卻眼光獨到，一九二三年強力推出。這一年九月一日東京大地震，人心浮惑，小黑人歪著小頭，用吸管喝著可爾必思，滑稽得惹人發笑，意外平撫了災後哀傷惶恐的心靈，可爾必思銷路更加大開。

一九二〇年代初期，可爾必思開始銷入台灣，最早由台北的洋貨進口商「石黑商會」為台灣代理商。一九二四年由酒商「辰

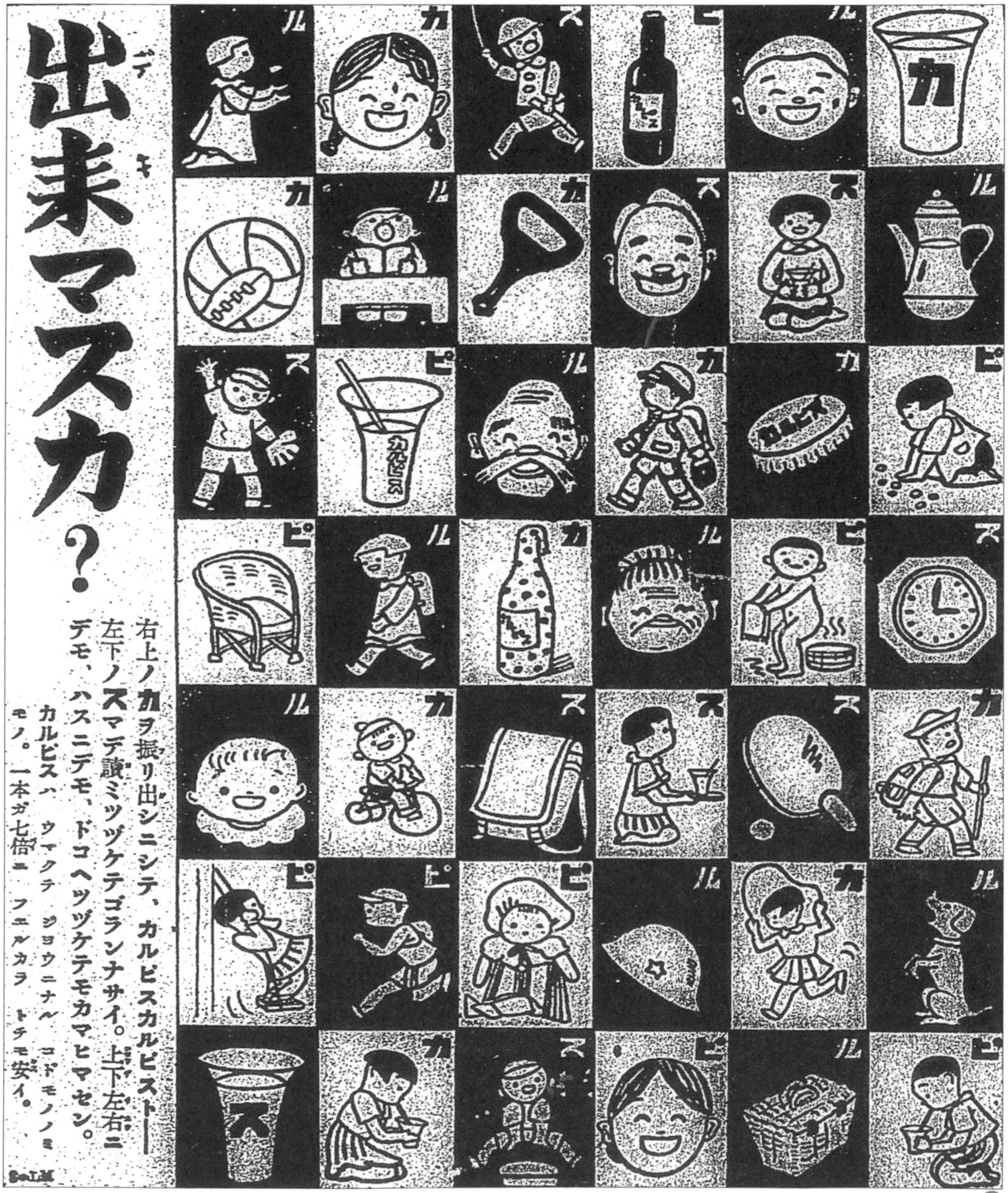
出来マスカ?
右上ノカヲ振リ出シニシテ、カルピスカルピスト—
左下ノスマデ讀ミツヅケテゴランナサイ。上下左右ニデモ、ハスニデモ、ドコヘツヅケテモカマヒマセン。
カルピスハ ウマクテ ジヨウニナル コドモノノミモノ。一本ガ七倍ニ フエルカラ トテモ安イ。

3

❹一九六七年，可爾必思重返台灣，廣告文案說：「三十多年前大家喜愛的可爾必思再來了！」

馬商會」接手。可爾必思在日本時代就很火紅，義美食品公司前董事長高騰蛟於一九二三年生於台北的大稻埕，他曾回憶童年說，在那個時代，大人喝青草茶、石榴水或泡茶喝，小孩喜歡檸檬汽水和彈珠汽水，外來飲料最有名的就是可爾必思。

可爾必思風行，台灣也出現本土品牌。台北一家牧牛場「臺灣畜產株式會社」在一九三一年急起直追，生產一種叫「ハッピー」的乳酸飲料，「ハッピー」讀音和意思就是英文的「HAPPY」，頗能誘發愉快的啜飲想像，還曾以較便宜的價格外銷日本。

一九四五年，日本戰敗，退出台灣，可爾必思也沉寂了。一九六七年四月，才再次登台。如同闊別重逢的老友，廣告

❺ 圖為一九二九年的廣告，呈現卡通一般的畫面。

❻ 目前市面所見的養樂多，從一九七一年，就捨棄玻璃瓶，改採合成樹脂瓶身。

❼ 台南鬧街上的西藥房前，掛了可爾必思的廣告看板，小黑人的標記非常醒目。

文案呼喊著：「三十多年前大家喜愛的可爾必思再來了！」宣傳口號也照舊，還是強調「初戀的滋味」。

可爾必思戰後返台前，乳酸飲料界後起之秀養樂多已早一步登場。一九六四年三月，養樂多上市，模樣不同於現在；快五十年前初登場的養樂多，穿的可是玻璃衣。七年後，改用合成樹脂瓶裝，就一直定裝到今天。

其實，養樂多面市的同年，味全也推出「健美酪」。七〇年代，除了味全又推出「亞當」，還有「愛如蜜」、「千百樂」、「健健美」和統一的「多多」，乳酸飲料的品牌如戰國時代，也意味酵母乳已經融入臺灣人的飲食生活。

然而，再多的品牌，也無法改變，給台灣人第一口酸酸甜乳酸滋味的，終究是可爾必思。

豐田汽車「走破」台灣

一九二五年，基隆煤礦大王顏國年環遊十五國兩百多天，考察了九處著名礦區和三十個工廠，最後有一件事最使他驚奇，美國的礦工竟然開汽車上班。那一年，美國平均六個人就有一部車。

到一九三七年，美國已經進展到四個人有一部車了。日本這邊，豐田汽車這時才要從名古屋的工場踏出第一步，簡直就是嬰兒準備前往巨人國廝殺。

豐田喜一郎心想，將來有一天，日本也會發展到十個人擁有一部車，汽車工業深具未來性。若是一般人懷抱著和豐田喜一郎相同的大夢，或者有如此的遠見，起頭單要開個汽車廠就非易

❶豐田喜一郎（前排右二）開創豐田汽車王國，是現任社長豐田章男的祖父。

❷一九三九年在台灣的豐田新車發表會。

事，但是，喜一郎不一樣，他有個不一樣的爸爸。

喜一郎的父親豐田佐吉是木匠之子，沒唸甚麼書，跟在父親背後，也是一名農村木工。十九世紀到二十世紀初是一個發明鼎盛的年代，許多平凡人稍有不同的意念，勇於做實驗，不畏失敗，都可能變身發明王，有時，若發明順利轉成商品，還能幸運崛起，成為富裕企業家。鷹牌煉乳、吉列刮鬍刀、箭牌口香糖都是這樣來的。豐田佐吉也有這樣的傳奇，一九二四年發明自動紡織機，比舊有紡織機的生產力大三十到五十倍，睥睨全球，是當年的日本之光，後來，他以發明家之姿登上學校教科書。

豐田佐吉是一個為發明而生的人；近乎自閉，不社交。他的侄子豐田英二曾說，佐吉非常喜歡放風箏，常常自己製作比榻榻米大好幾倍的風箏，五月時，就到外頭放著玩。除此之外，沒再聽說他有甚麼興趣，每天就是把自己關在房間裡，唯有一枝鉛筆和一張紙相伴而已。這樣閉門思索與塗塗改改的日子，煙酒成了他的生活愛物。或許這樣的緣故，身體一直健康的佐吉，六十歲剛過，卻因連續兩次中風，快速倒落在人生的終點。

豐田佐吉一九三〇年去世，不及親睹豐田汽車誕生，但是，

過世前一年，世界最大的英國織布機製造商Platt Brothers拿出十萬英磅，買下豐田自動織布機在日本、中國、美國以外的製造與銷售權，豐田佐吉就把這十萬英磅給長子喜一郎，做為豐田跨足汽車製造業的第一筆資本。

所以，豐田今天以汽車霸主之尊聞名世界，但其源頭實際上是紡織機。豐田集團莫敢忘本，在名古屋的「產業技術記念館」，紡織機的份量也不少。日本企業隨著時代發展，轉型跨入異業，除了豐田從紡織到汽車，生產液晶面板的SHARP（夏普），也走過彎曲道路，從製造自動鉛筆，再轉進收音機、電視機產業。

豐田喜一郎開創汽車王國的第一步，是買了一部美國最熱門的「雪佛蘭」汽車，窩在紡織工場一角，埋頭拆解研究，沒幾個春秋過去，一九三六年，豐田車就首度亮相了。亮相歸亮相，卻賣不出去。隔年日本侵略中國，陸軍需要大量卡車，豐田倉庫裡的車突然統統出清，整個發跡過程如洗三溫暖。

豐田英二在回憶錄《決斷》曾指出，豐田能有後來成績，「可說是拜烽火之賜」。其實不僅於此，大開戰事，國產的呼聲

3

4

響徹雲霄，日本開始扶植國內汽車業，嚴格管控外國汽車進口。美國通用和福特兩大汽車集團雖然仍有相當量的汽車賣到日本，但已不能無限擴張了；好比固定最多給三碗飯，胃納再好，也不准吃第四碗了。豐田便在政府張翅保護的羽翼下開創人生。

一九三七年十一月三日，豐田汽車部搬出紡織廠，遷入專用的汽車工場「舉母工場」（今豐田市汽車廠），豐田汽車把十一月三日定為創業紀念日，但販售的腳步早已開始。在台灣，台灣銀行、台電、台灣拓植和杉原產業等大會社早在那年夏天合資創立「台灣國產自動車株式會社」，準備迎接豐田，代理販售豐田汽車。

來台第一部豐田汽車就在台北的中崙（今八德路一、二段一帶）落腳。因為這家代理商「台灣國產自動車」的門市和維修工場設於中崙二三三番地。日本時代，自高砂麥酒（今建國啤酒廠）附近，往東走進朱崙、中崙，即屬台北的「工業地帶」，有

❸一九三九年，豐田在台北中崙的維修工場。橫著的大布條，有「豐田汽車愛車日」，也有「一滴汽油一滴血」的戰時口號。

❹隨著戰事擴大，石油取得愈來愈困難，三〇年代後期出現一種燒木炭驅動的汽車。一九三八年，台灣豐田木炭車試車，從台北開到高雄，在高雄州廳前合影。

臺灣國産自動車
株式會社では淺川式、東浦式
臺灣國産式木炭瓦斯發生機をトヨタ
バス並にトラックに取附けて臺北—高雄
間の長距離試運轉を行つた
寫眞は高雄州廳前に於ける記念撮影
（昭和十三年九月十五日第二五
九號高雄要塞司令部許可濟）
臺灣國産
木炭瓦斯(國)發生機

❺日本時代，台灣工商展覽會上，
豐田參展亮相的汽車。

許多工場。現在的微風廣場以前是黑松汽水廠，日本時代，黑松的前身是「進馨商會」，位於中崙三七五番地。另外，日治末期，做巧克力、糖果的明治製菓會社台北工場也設在中崙。

在人事的陣仗上，由杉原產業的專務（總經理）井出松太郎擔任台灣國產自動車的社長。此舉初看有點詭異，杉原會社是大米商。看看豐田的對手「台灣日產自動車」，社長重田榮治也是界外之人，賣布起家，後來經營台北最大的百貨公司「菊元」。不過，兩者還是稍有不同，杉原會社早在南台灣經銷福特汽車多年，對賣車子不陌生。

總之，人事地物齊備，豐田汽車在台灣的宣傳戰也開始了。一九三七、三八、三九幾年，美日漸趨緊張，但尚未宣戰，美國車還正常輸入台灣，從廣告上看，豐田主打卡車，並標榜國產車，刻意與「外國車」比較，突出輪距小、價格便宜、省油等特點。

一九三七年以後，日本非產油國，一滴石油就是一滴血，省油不只是省錢，還意味著符合國策，掌握了「持久戰」的必勝關鍵，意義重大。一九三八年二月，豐田就和報社合作，辦了一場高雄到台北的四百四十五公里「走破」（跑完），要測試耗油

5

量。

有報紙配合，活動照片連登幾天。官員也很支持，像車到嘉義，嘉義市尹（市長）就出來歡迎。夕陽餘暉中，白色豐田卡車從新莊要過台北橋進台北，並有樂隊助勢。依報紙報導，測試結果驚人，一加侖竟然可以跑到快十九公里，比外國車的十四公里要強許多。

夾著愛用國產的優勢，豐田在台灣銷售網鋪展順利，台北州警務部買豐田的救護車，花蓮鳳林郡買豐田的消防車，台北市的市營巴士也買進大批豐田客車。

味全公司創辦人黃烈火是戰後之初率先引進豐田汽車的代理商，依他的回憶，日本時代，輸入台灣的日本車有日產和豐田，日產雖然名氣大，但車輛數不及豐田，正因考慮「豐田車在台灣佔多數，將來維修零件也是大生意」，才鎖定豐田，去拿下代理權。

日本時代，豐田車幾乎隨戰爭開打而來台，隨戰爭結束而離台，但很快因為黃烈火的積極引進，一九五〇年，豐田卡車便再度到來，而且還是豐田戰後輸出海外的第一部車。

惟青年團音樂隊
戶稅
戶稅
高雄

商業財金

聽「拉機歐」買股票

不管把投資股票說成玩股票或炒股票，日本時代的炒法和玩法都大不相同。台灣沒有集中交易市場就是最不一樣的地方。

台灣證券交易所一直到戰後一九六二年才開業，戰前的日本時代，台灣投資客要到「東京株式取引所」去買賣股票；這個東京證券交易所早在一八七八年即已創立，那時在位的明治天皇才二十六歲而已。

日本時代，台灣籍股市最大戶當屬現今台泥董事長辜成允和中信集團董事長辜濂松共同的阿公辜顯榮。文史家葉榮鐘和辜顯榮同鄉，一〇年代曾在東京當辜家食客，親炙過辜顯榮。葉榮鐘曾說，辜老先生富投機性，每天東京股市開盤，他都是指派兩、

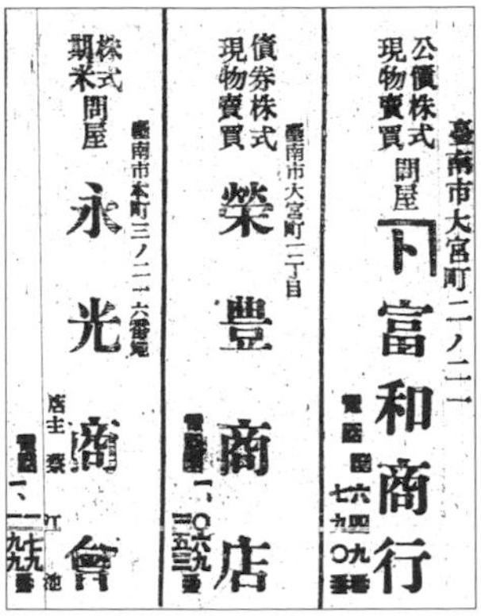

❶辜顯榮在日本時代投資股票玩很大。

❷日本時代，台南市的小型股票行最為繁昌興盛。

❸台北艋舺信用組合（即戰後的信用合作社）的股票，印刷頗為精緻，有淡水河上浮帆船的地方特色繪圖。

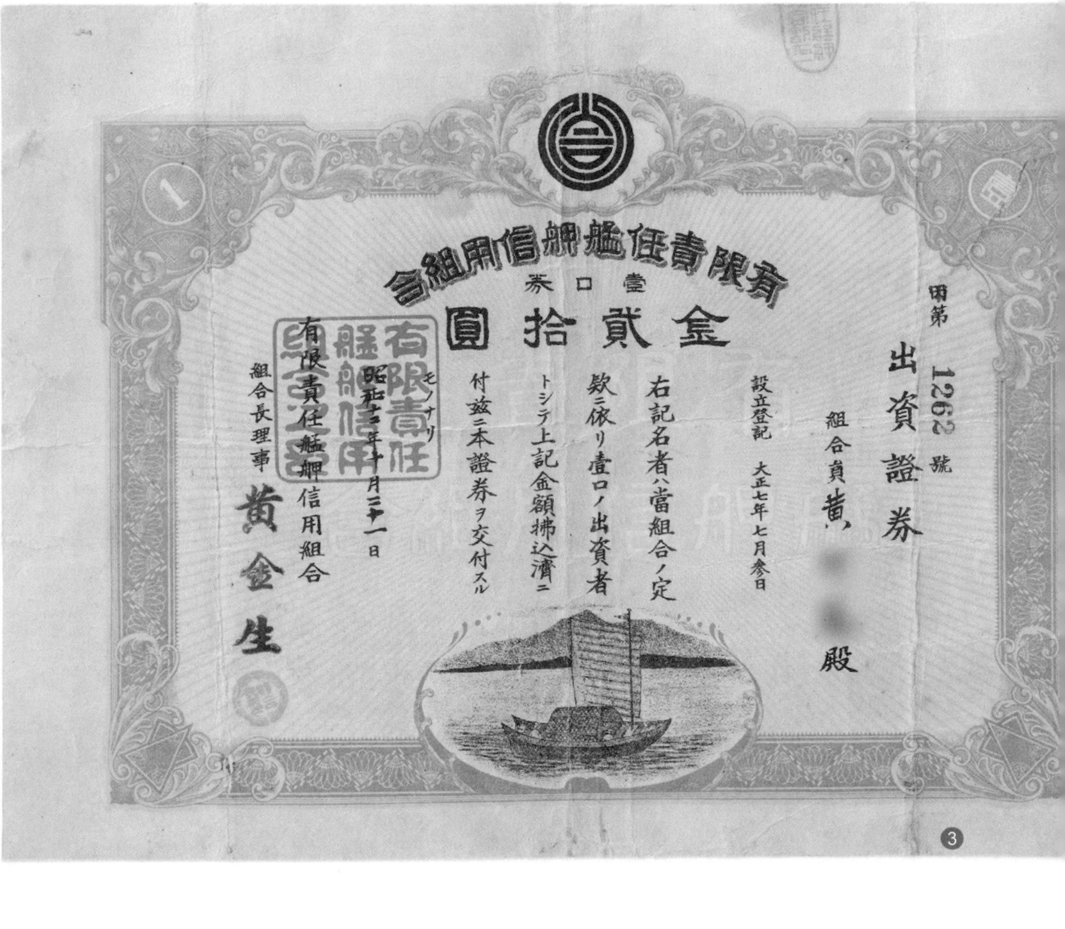

4

❹一九三〇年左右東京證券交易所的內部。

三個職員到場和營業員連絡，「刻刻用電話跟他老人家報告行情」。有一天，職員回報猛漲，已買進五百股。那日天晴，辜顯榮在東京的辦公室，站起來拉下窗簾，沒拉好，窗簾又捲上去，他的心也跟著一跳，馬上索性加隨性，再追購一千股。葉榮鐘說，那時候東京股價一股兩百多圓，辜顯榮一次交易就三、四十萬圓。

當時，一、兩萬就可以蓋一棟紅磚洋樓豪宅，換個講法，辜顯榮一次交易彷如拿著十幾棟洋樓在賭輸贏。一般人一個月賺個一、二十圓，勉強溫飽，一棟洋樓即使在夢裡，也永遠矗立在三千尺外，而到了辜顯榮手裡，十幾棟洋樓，宛如只是大富翁遊戲盒裡的籌碼小房子。

一〇年代，總家產有個五萬十萬，已經可以在台灣鄉里號稱望族富豪了。一九一七年春，元宵剛過，辜大戶就驚傳在東京股市海虧五十萬圓，消息上了報。虧五十萬圓，換到現在，可能有人要跳樓了。從報上看，辜顯榮卻很氣定，沒見他證實或否認，唯獨有個不具名

人士幫腔，說新聞傳得太誇張了，縱使虧幾十萬，也不致於累及債權人。

普通台灣人當然不可能每天跑去東京看盤守盤，台灣各城市便有許多「株式店」、「證券社」的券商，例如日本知名的野村證券，一九四〇年曾來過台灣，支店就設在今天台北市館前路這邊。

台灣人當時口語上習慣稱券商為「股票店」。從舊報紙來看，台南市買賣股票最為氣盛，一九三五年股票店多到四十幾家。這個生意起伏如浪也如風雲，股價稍有暴漲或爆跌，股票店就開開又關關。

平常，股票店都是透過「拉機歐」（收音機的日文發音），來收取東京股市的消息。據台南市一位耆老指

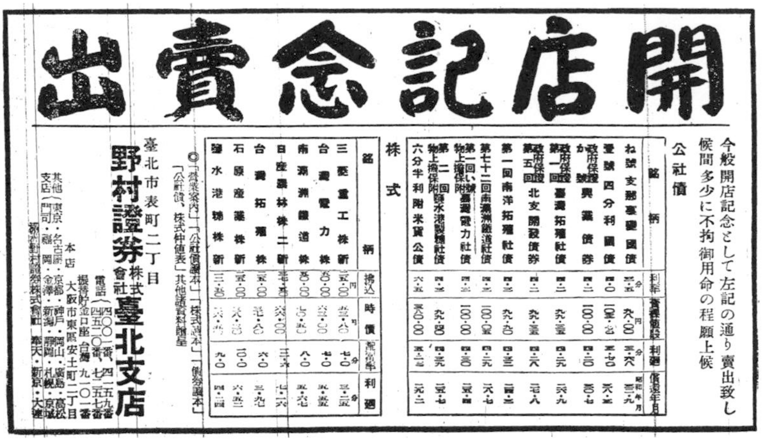

銘柄	利率（分）	賣出價格（円）	利廻（分）	償還年月（昭和年月）
ね號支那事變國債	三・五	九八・〇〇	三・六八	三二・九
壹號四分利國債	四・〇	一〇五・七〇	三・七〇	二八・三
政府保證か號興業債券	四・二	一〇〇・〇〇	四・二〇	二〇・七
政府保證第一回臺灣拓殖社債	四・二	九九・五五	四・二九	二六・九
政府保證第五回北支開發債券	四・二	九九・五五	四・二八	二七・八
第一回南洋拓殖社債	四・三	九九・九〇	四・三三	二四・三
第七十二回南滿洲鐵道社債	四・三	一〇〇・〇五	四・二九	二八・七
第一回い號物上擔保附臺灣電力社債	四・三	一〇〇・〇〇	四・三〇	二五・四
第二回物上擔保附鹽水港製糖社債	四・三	九九・四〇	四・三九	二五・七
六分半利附米貨公債	六・五	一六〇・〇〇	五・二二	二九・二

銘柄	拂込（円）	時價（円）	配當率（分）	利廻（分）
三菱重工株新	二五・〇〇	五三・八〇	七・〇	三・三五
台灣電力株	五〇・〇〇	六三・〇〇	七・〇	五・五五
南滿洲鐵道株	四〇・〇〇	六五・五〇	八・〇	五・六〇
日產農林株二新	一七・五〇	六六・〇〇	一二・五	七・二六
台灣拓殖株	二五・〇〇	三七・八〇	六・〇	三・九七
石原產業株新	二五・〇〇	四八・三〇	一〇・〇	六・五三
鹽水港糖株新	一三・五〇	二八・八五	九・〇	四・二四

❺日本知名的證券公司「野村證券」台北支店於戰前的一九四〇年開張。

出，當時他的父母都買賣股票，每到下午，股票店會抄寫一份收盤行情的單子，再叫俗稱「囝仔工」的十幾歲少年，挨家送到客戶手裡。

日本時代的股票買賣觀念尚不成熟，多當是賭博。有些股票店讓玩家繳一點保證金，不付半毛錢，就可以買進股票，等高價再售出。而實際上，這種買進與賣出，都不是真的跟日本交易所下單；每天靠著電報或廣播，知道收盤行情，股票店和顧客之間便以此對賭決輸贏。所謂買股票，只是買空賣空，如此而有天上掉下來的獲利，所以，當時便有「沒買也能賣」的諷語。

保險行騙團

保險金領收告白
亡夫李金鑾與東洋生命保險會社保險契約者當死亡因由前田八十松氏手領出保險金壹千圓正特此佈告以昭
同社臺中代理店主幹
同社信用確實
大正二年九月
苗栗三堡內水尾庄
[illegible]氏泉

❶在一般民眾對人壽保險還不熟悉的一九一〇年代，常見受益人刊登領取保險金的廣告，金額還寫得特大，凸顯投保的優點。

保險是社會的鏡子，反映世態人情；世界既是大千，保險也就無奇不有。

一百年前，美國也有「離婚保險」，兩週繳個兩分錢，離異分飛時，就有保障，不用為錢傷透腦筋。

同樣是一百年前，倫敦就有新聞說，貴婦人出門，頭頂絢麗的帽子，身穿巨金裁縫的華服，擔心下雨污損，於是，衣服弄髒可理賠的保險就因應而生了。

台灣從十九世紀末進入日本時代後，最早的保險從「海上」來，也跟社會環境有關。一八九六年，大稻埕就有一家日本人的「石田商會」，代理東京帝國海上保險株式會社，開始承作海上

❷一位許姓台灣人繳交給千代田生命保險公司保險費之後，拿到的收據。當時已經日治最後一年，不到半年後，日本就宣佈投降了，顯示保險業務不大受戰爭影響，持續運作。
❸大成火災的保單，紙質厚實，經過快八十年風霜，仍無絲毫脆裂跡象。

保險。大稻埕滿是茶商，茶葉靠船出洋外銷，浪濤無情，保了海上險，可以避免船沉貨損。

隔沒幾年，果然就發生「有保有保庇」的最佳例證。大茶商郭春秧和一群包種茶商在鬧商標糾紛，後者的包種茶要運往廈門，郭春秧揚言阻止出貨，包種茶商有了危機意識，本來沒保的茶商，全加保了。

一艘叫淡水丸的船，載著兩邊人的茶出港，不幸沉沒。這下，包種茶商拜郭春秧敵對之賜，有了保險理賠，損了貨，利益卻毫髮無傷。反倒郭春秧自己，沒有投保，損失五千多圓。同一年的採茶女工，一個月大約賺六十到九十圓之間，五千多圓約同於現在的好幾百萬。

茶商居社會的上流，都不見得瞭解保險的必要性，那果真是一個保險初來的年代。

一九〇〇年代，報紙會說，「保險之風氣」，台灣人「為之不慣」。所以一九〇二年起四年之間，以日本的「帝國生命」保險會社的業績來看，日本人保險金額達三百萬圓，島上三百多萬個台灣人，遠多過日本人，達四十倍之多，反而保險金額才五千

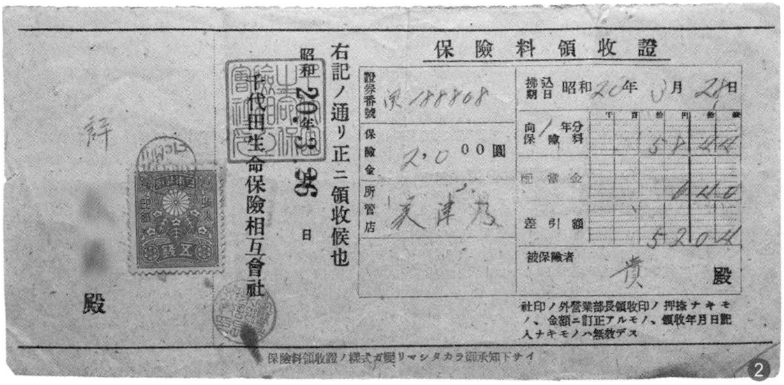

保險料領收證

證券番號 沢188808

保險金 2,000圓

拂込期日 昭和20年3月24日

被保險者 殿

右記ノ通リ正ニ領收候也

昭和20年3月25日

千代田生命保險相互會社

殿

社印ノ外營業部長領收印ノ押捺ナキモノ、金額ニ訂正アルモノ、領收年月日記入ナキモノハ無效デス

保險料領收證ノ樣式ガ變リマシタカラ御承知下サイ

2

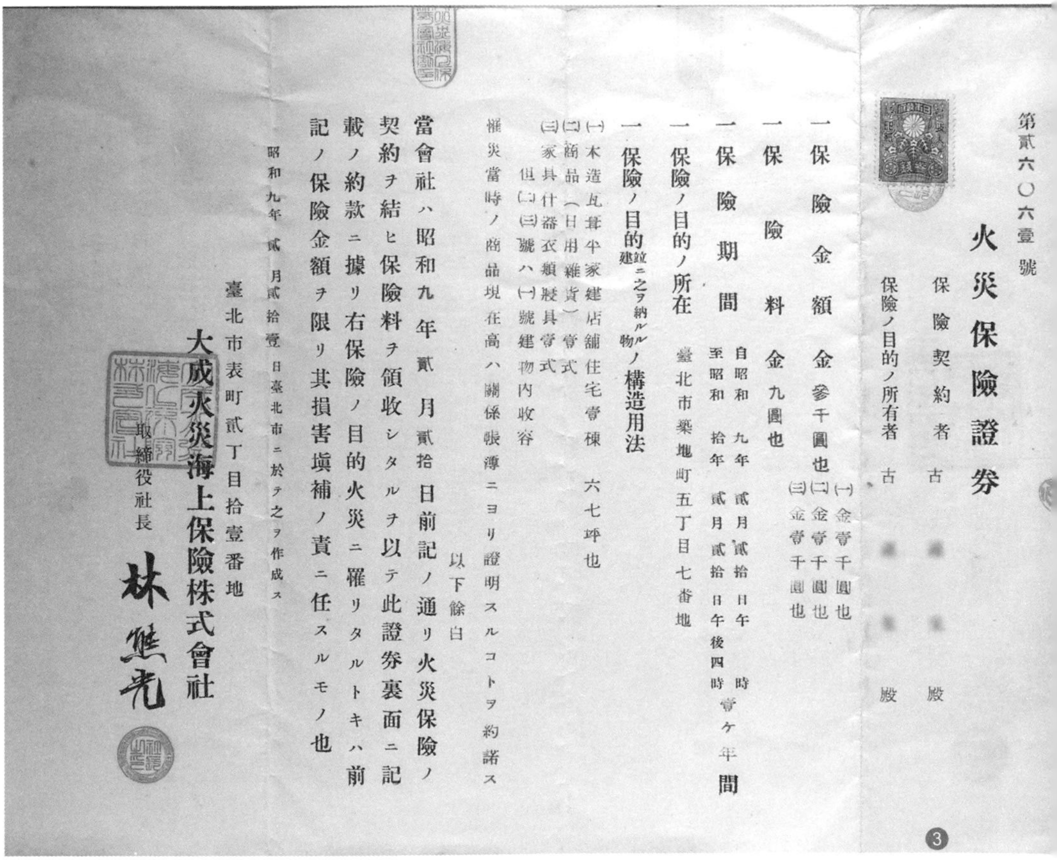

第貳六〇六壹號

火災保險證券

保險契約者 古 殿

保險ノ目的ノ所有者 古 殿

一 保險金額 金參千圓也 (一)金壹千圓也 (二)金壹千圓也 (三)金壹千圓也

一 保險料 金九圓也

一 保險期間 自昭和九年貳月貳拾日午時 至昭和拾年貳月貳拾日午後四時 壹ケ年間

一 保險ノ目的ノ所在 臺北市樂地町五丁目七番地

一 保險ノ目的建竝ニ之ヲ納ルル物ノ構造用法

(一)木造瓦葺平家建店舗住宅壹棟 六七坪也

(二)商品（日用雜貨）壹式

(三)家具什器衣類寢具壹式

但(二)(三)號ハ(一)號建物內收容

罹災當時ノ商品現在高ハ關係帳簿ニヨリ證明スルコトヲ約諾ス

以下餘白

當會社ハ昭和九年貳月貳拾日前記ノ通リ火災保險ノ契約ヲ結ヒ保險料ヲ領收シタルヲ以テ此證券裏面ニ記載ノ約款ニ據リ右保險ノ目的火災ニ罹リタルトキハ前記ノ保險金額ヲ限リ其損害塡補ノ責ニ任スルモノ也

昭和九年貳月貳拾壹日臺北市ニ於テ之ヲ作成ス

臺北市表町貳丁目拾壹番地

大成火災海上保險株式會社

取締役社長 林熊光

3

圓而已。一九〇七年，帝國生命保險會社感覺日本人市場已然飽和，台灣人市場卻還如未開墾的荒野，於是改變方向往南部去，果然，兩個月之間，就創出三十萬圓的佳績。帝國生命會社的職員，也開始出現一個台灣人的名字「楊仲坤」，意味台灣人開始有保險從業人員了。

到一九一〇年代，報紙常見一種「保險金領收告白」的廣告。受益人具名登報，收了哪家保險公司多少錢，都講得很清楚，金額還刻意用放大的粗黑字體。像是遠在台中外埔那邊，就有一位李太太，因丈夫過世，在一九一三年領了人壽公司一千圓保險金而登報。

保險廣為周知後，一九一九年底，台灣南北各大豪商家族總動員，不願再讓巨額保險費流向日本保險公司的口袋，共同發起創辦「大成火災海上保險」株式會社，台灣人自己要當保險公司的老闆。

緊接著二〇和三〇年代，各種拉保險的怪現狀就紛紛出籠了。

日本時代，稱保險員為「勸誘員」，多給人「甘言蜜語」的

❹台灣人自辦的第一家保險公司「大成火災」，最早的辦公室設在今台北火車站前、新光摩天大樓對面，今已不存。

❺今台北市博愛路和寶慶路口的台銀國外部，戰前原屬日本「帝國生命」保險會社。最頂的一層為戰後增建。

4

5

❻❼「日本生命」保險公司的台北支店，曾在今天的台北市重慶南路，建立新樓，內外皆氣派。

印象，是保險亂象的製造機。最單純的怪狀是保險員直接吞了保險費，複雜一點的，保險員會找久病的張三投保，然後叫健壯的李四當替身，通過醫生身體檢查這一關，瞞過保險公司接受保單，最後等張三病故，即詐領保險金。

最驚世的保險詐術是一群人合起來到處騙。一九三六年，屏東警察署大規模偵辦，把鄰近刑警都找去支援，地方上的保險員、醫生、保正（村長）、基層公務員一一被傳喚。原來這些人合資組成「行騙團」，在旗山、岡山和潮州各地，慫恿鄉間肺炎或肋膜炎的重症貧病患者加保，保險費先由這團繳付，待病人死亡，給家屬一點喪葬費，或者頂多給保險金的一成五，其餘則由行騙團瓜分。

保險的原理本是分散風險，沒想到，利慾誘惑，反讓馬扁之徒集中靠攏。

台灣商標的初登場

商場如戰場，有時打價格戰，有時打擴點地盤戰，有時也要打商標保衛戰。

二〇一二年的新聞，台中有個餐廳取名「花太郎」，還去註冊商標，黑松汽水公司覺得餐廳是借其產品「花太郎」綠茶的知名度而搶先註冊，因而向法院提告，不過，法院判定花太郎是廣告人物，不是商標，黑松敗訴了。

商標權不是台灣自古即有的概念，一直到日本時代，才成為訴訟爭奪的標的。不過，商標權也不是日本傳統即有，也是明治前期從西方引進的觀念。

日治第五年的一八九九年，台灣才有商標法令，隔年年底，

❶台灣人仿用日式商標，到三〇年代已經非常普遍。

隨即爆發嚴重的商標爭議。

在此之前，北部茶業繁興，茶葉熱銷到西方海外，包裝上也印了圖案，不過，大家沒甚麼商標權利的觀念。只要有某個圖案的茶大賣，別家茶商就仿效跟進，像「雙鳳」和「金葫蘆」等幾個圖案，最受外國人喜愛，台灣每年大約七成的茶就盡用這些圖案。各家茶商之間的識別，往往不在商品圖案，而是在圖案之外，另打上的店號來區隔。如此一來，同樣商標的茶包，可能喝起來的品質天差地別。

於是，當過第一任台北茶商公會的郭春秧很有概念，捷足先登，搶先去登記包種茶的商標，把同行間最夯的六個商標都納為己有。其他十八家茶商氣得直跳腳，行政官員介入調停，不得其法；狀告法院，訴訟也打不過人家黑紙白字申請到的商標。最後由熱心茶商周旋其間，拖了八年才和解落幕。

不過，郭春秧和十八茶館的商標之爭也驚醒台灣的商人，一九〇一年初，官府就限期幾個月，要大家趕快登記商標，免得以後又有得吵。慢慢，商標是產品的代碼，這樣的商標權概念才開始植入台灣商人的頭腦。

1

一位大稻埕的煙草商人馬上登廣告，像插牌宣告地盤一樣，公告自己有哪些商標，希望「貴客光顧請認敝舖商標」，「不致有魚目混珠之弊」。

本來沒有商標權的觀念，大家亂抄亂用熱門圖案，習慣成自然，相安無事。等有商標權利的意識，權利要防守捍衛，反而告來告去，變成商場同界間常見的事端。一〇年代初期，茶商間的商標紛爭，還層出不窮，一時兩刻，無法完全上軌道。現在圓山前的台北故事館，原先的起造人陳朝駿曾是台北茶商公會會長，他的父親陳玉露已開始商販茶業。一九一二年，陳玉露發現他前幾年申請登錄的「花英印」商標，被大稻埕另一茶商濫用，賣到廈門去，馬上找檢察官去搜索，貼封條，查扣一百多箱。新聞報導此事，最後就多說了一段，說台灣茶商對商標「多不留意」，有幾十種圖案在那裡亂用，但是，如果被人家

❷一九三三年，為了加深對店家商標的認識，報紙舉辦有獎徵答，看誰認得最多。全部七十個商標中，有編號18號的Glico、35的明治製菓、52號的福特、64號的森永、56號的屈臣氏、69號的山葉鋼琴等知名大牌子。67號的寶香齋則是義美食品第一代的老東家。58號的東陽，創始人也從寶香齋出來，後來再蛻變成現在的新東陽。

「登錄在案。則該商標便不可仿用。用則被罰」，做生意人對這一點「不可不知」。

商標侵權個案多，讓上個世紀一〇年代到三〇年代，報紙經常出現一種類型廣告，標題都寫做「謝罪廣告」，就是現今「道歉啟事」的古早版。多是台灣商人向知名品牌道歉，像美國的勝家裁縫車和鷹牌煉乳、日本聞名的「白鶴」清酒、總部在新加坡的虎標萬金油。一九三五年，台灣老牌汽水創辦人也登過謝罪廣告，因使用了兩個類似「三ツ矢」（三枝紅色箭尾羽狀圖案）香

懸賞募集 マーク宣傳

電二四九・五〇五番

時計、自動車等）とそれぐ下記刷込の投票用紙の番號順に明記して開封郵便（二錢切手貼用）てお送り下さい

（最も多く當てた方を一等とし以下順次等級を定む但正解者又は當り數同位の方多數の場合は抽籤により等級を決定す）

規定

一、投票締切　昭和八年三月五日（當日の消印あるものは有效）

二、投票用紙　本廣告に切取線を附して刷込みある用紙に限る他は無效とす

三、發表期日　昭和八年三月廿五日

四、宛名　は必ず臺灣日日新報社廣告部宛の事

賞品

一等	美術置時計	一箇	一人
二等	毛シャツ上下	一組	一人
三等	反物	三反	三人
四等	ウーピー石鹼	百箇	百人

（ロ）廣告主へ懸賞記念品贈呈規定

本廣告中正解投票數の最も多き商店又は商品に對し本社より左の『懸賞記念品』を贈呈す（但し正解投票多數又は同位の場合は抽籤によりて壹等を定め以下順次等級を定む）

一等	臺日懸賞記念カップ	一箇	一人
二等	同	一箇	一人
三等	同	一箇	一人
四等	同	一箇	一人
五等	同	一箇	一人
六等	臺日銀メタル（一萬円廊店）	五箇	五人

(5) パーロホン

(6) 白鶴　臺北・臺南　納入元　近藤商會

(7) 臺北市榮町一角　電二九九〇・六五九　大倉本店

(8) [illegible]

(13) 臺北市本町一　電話一五三一番　村山商行

(14) 臺北市榮町　電話四五一番　藤澤本店

(15) 臺北市本町一丁目　電二九五・二九九三番　丸山

(16) デルビー　臺北市榮町四　電話一二八九番　森田信生堂

(17) 臺北市末廣町一　電話一九〇九番　納入元　[illegible]之助商店

(18) グリコ　[illegible]代理店　[illegible]

(23) 臺北市榮町二　電話九七四番　山一物產販賣所

(24) 臺北榮町二　電話八一一番　創業（於肥前國有田）元祿元年　宮村商店

(25) 振動不息 Hatis　臺北市本町　臺灣總特約店　盛進商行時計部

(26) 松　臺北市榮町・京町　電話二一四五・四一二　松井

(27) TRADE MARK SUPER COTOX CYCLE UNNO & Co.　發賣元　梅野商店

(28) 臺北 內地みやげ 臺灣國產物商會　[illegible]

(32) 電三〇〇二番　近々榮町新築へ移轉　ヒカル商店

(33) 臺北市　[illegible]

(38) 臺北市榮町三　電話一六三六番　丸八商店

(39) CHEVROLET　代理店　[illegible]商會

(45) 臺北、臺南　總代理店　近藤商會

(46) 感感（カンカ）　臺北市榮町三丁目　電話七六七番　東西藥房

(47) 臺北市京町四　松屋蒲團店　新設電話四四二八

(48) 臺北市萬華驛前　龍泉株式會社

(49) ウーピー

(50) TRADE MARK 屋臣氏　臺北市榮町　電話一六七〇番

(55) 臺北市若松町　白米　[illegible]

(57) 臺北市北門町　電話二三八七番　永潤商會

(58) 臺北市京町三丁目　電話六四二番　東陽製菓部

(59) 牛乳　臺北築地町　電八八〇番　臺灣〇〇會社

(60) 能率 NORITSU　臺北京町二丁目　電話二二四六番　[illegible]店

(65) 臺北榮町　電話八七一番　平野商會

(66) Columbia　コロンビヤ

(67) 寶　臺北市永樂町三ノ一六　寶香齋

(68) 生　日章　臺北市表町

(69) 臺北新起町一　電二一一一番　近々榮町新築へ移轉　日本〇〇會社臺灣出張所

(70) 臺北市榮町四　電話一二八九番　森田信生堂

（取）（線）

住所	70	69	68	67	66	65	64	63	62	61	60	59	58	57	56	55	54	53	52	51	50	49	48	47	46	45	44	43	42	41	40	39	38	37	36	35	34	33	32	31	30	29	28
氏名																																											

❸一九三三年連續舉辦商標的有獎徵答，有幾個台灣老闆的商標，像54號張東隆商行、10號的福記商行和71號的洪裕泰吳服店，都受日式影響，採用了圓形和菱形標誌。

檳汽水的商標，被迫要跟這家日本最老牌的汽水會社道歉。

最早期的台灣人商標，多使用傳統圖案，像台泥前董事長辜振甫的父親辜顯榮，一九〇二年跟艋舺人合資製造火柴，就以香爐為圖，商品稱為「寶爐」火柴。其他像「福壽人」和麒麟等中式圖案，也受愛用。

到三〇年代，可以看見很多台灣商人感染了日本店家的商標習慣，在圓形或菱形內放一個漢字，例如，太平町（今延平北路）的肥料石油商「張東隆商行」，他們幾個兄弟是東字輩，分

マーク宣傳 懸賞募集

(5) Y.K 臺北市榮町三 電話八二一番 鐘野 ○ 計舗

(6) 定 臺北市京町二 電話九四七番 佐藤 ○ 舗

(7) DRINK SPARKLING WATER / SASAKI / NO-BEER / KASAKI INRYO CO. LTD. 臺北市 佐々木飲料株式會社

(8) ア 電話二四一八番

(13) SUNTORY WHISKY サントリーウ〇〇キー 電話一五三一番 納入元 公盛洋行

(14) ヨ (角印入丸京町) 臺北市京町一 電話一六三八番 中村商行

(15) キ 臺北市京町一 電話一〇八六番 菊谷藤一商店

(16) 榮 臺北市榮町三 電話四三五〇番 菊元

(17) S.F.KAIKAN 世 ○ 館

(18) 共 電話六六番 共榮會

(23) TAIHOKU TOKUSEI ヒコウ ヒコウ商會

(24) 瀧 臺北市本町三 電話八六番 瀧村兒弟商行

(25) 盛 臺北市榮町三 電話二五四番 盛進 ○ 舗

(26) 吉 電話七一六番 三共會

(27) 京 食堂 臺北市京町三丁目 電話三五七九七 京町 ○ ○

(28) 藥 臺北市榮町四丁目 電話六一一・一六八八番 廣 藥 堂

(33) 登錄商標 正 名物 臺北市榮町二 電話一二一一 大正堂 ○○○○

(34) 幼兒本位の コドモ牛乳 臺北市幸町 電話六一五番 臺灣○○株式會社

(35) S 臺北市表町一丁目 電話二〇二四・二六三八番

(36) 田 高田洋服店

(37) 大谷 ○ 商

(38) ★★★ 臺北市本町 電話三一四番 大東○○會

(42) 臺北市本町 電話三八七番

(43) K 電話三五六番

(44) 電話二九九番

商品名稱の方は其「實物名」（例へば藥、麻雀、自轉車等）とそれ〴〵下記刷込の投票用紙の番號順に明記して開封郵便（二錢切手貼用）てお送り下さい

（最も多く當てた方を一等とし以下順次等級を定む但正解者又は當り數同位の方多數の場合は抽籤により等級を決定す）

規 定

一、投票締切 昭和八年三月十日（當日の消印あるものは有效）

二、投票用紙 本廣告に切取線を附して刷込みある用紙に限る他は無效とす

三、發表期日 昭和八年三月廿五日

四、宛 名 は必ず臺灣日日新報社廣告部懸賞係宛の事

賞 品

一等 美術置時計 一箇 一人

二等 毛シヤツ下下 一組 一人

三等 反 物 三反 三人

四等 ウービー石鹼 百箇 百人

（ロ）廣告主へ懸賞記念品贈呈規定

本欄廣告中正解投票數の最も多き商店又は商品に對し本社より左の『懸賞記念品』を贈呈す（但し正解投票多數又は同位の場合は抽籤によりて壹等を定め以下順次等級を定む）

一等 臺日懸賞記念カツプ 一箇 一人

二等 同 一箇 一人

三等 同 一箇 一人

四等 同 一箇 一人

五等 同 一箇 一人

六等 臺日銀メタル（商號入） 五箇 五人

(48) ヒ 臺北市表町二丁目 電話三七九四番 日の木 ○ 店

(49) 灘の銘 ○ 菊正宗 臺北市表町一 電話二三一番 納入元 公盛洋行

(50) 岸 臺北市本町二 電話二八〇四番 岸本商店

(55) サ 臺北市榮町 電話五一七番 酒 巻 本 店

(56) 臺北市本町 電話四五〇番 印田メ○ネ店

(57) 內地 みやげ 各種 臺北市本町三 電話四一二番 臺灣○○○介所

(58) 理學 臺北市京町 チ○ウムハ化學藥 ○代理店

(59) 生 臺北市京町 電話二三番 片倉○○○○株式會社

(60) 田 ヒゲタ ○ ○

(65) 太 臺北市新起町 電話二七〇九番 山藤 ○ ○ ○ 店

(66) 一 臺北本町三丁目 電話二四六三番 日ノ原商行

(67) ヨ 臺北市北門町三 電話八一四番 山村 ○ ○ 店

(68) 玄米精乳 臺北市京町一丁目 電話一七九番 株式會社 ○ ○ ○

(69) 卯 臺北市京町一丁目 電話一六八九番 北○ 名物 ○ ○ ○ 家

(70) 電話四三七番 東○○○株式會社

(75) Right BEER 臺北市本町五ノ二三 電話一六〇三 三九六二 臺灣代理店 陳天順

(76) AKADMA BRAND REGISTERED TRADEMARK 納入元 公盛洋行

(77) 延壽胚芽米 臺灣 ○ 胚芽米 會社

(78) 東 臺北市兒玉町 電話四三一八・三〇七七番 東和洋 ○ ○ ○ 家

(79) 米 臺北市本町一丁目 電話五七一・七五一番 臺北 ○ ○ ル

(80) 友 臺北市大平町三 電話二三七番 瑞祥

❹一九三五年，黑松汽水創辦人登報向日本老牌汽水道歉，表示不再使用類似商標。

❺三〇年代報紙所見的黑松廣告。

❺

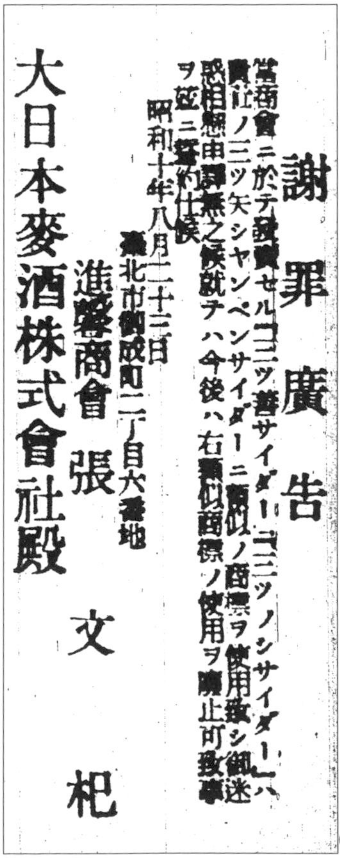

謝罪廣告

當商會ニ於テ製賣セルコニツ善サイダー（コニツノシサイダー）ハ貴社ノ三ツ矢シヤンペンサイダーニ類似ノ商標ヲ使用致シ御迷惑相懸申譯無之候就テハ今後ハ右類似商標ノ使用ヲ廢止可致事ヲ茲ニ誓約仕候

昭和十年八月二十二日

臺北市御成町二丁目六番地

進馨商會　張　文　杞

大日本麥酒株式會社殿

❹

別叫東紅、東青、東華，商標就在四線交錯的菱形內放「東」字，跟三井財閥的標誌同形，內容字不同而已。又例如太平町的洪裕泰吳服店，商標是圓圈內放「洪」字。

這讓我想起，家鄉名產西螺醬油有一個牌子，小時候常聽媽媽說，「媽嚕莊」、「媽嚕莊」，商標就是一個圓形內有「莊」字。現在，我問媽媽，為甚麼叫「媽嚕莊」？她不知道。再問：「媽嚕是甚麼？」她也沒想過。其實，「媽嚕」就是日語圓形的唸音，日文寫成「丸」，也因此這個一九〇九年創立的牌子，現在才會叫「丸莊醬油」。

個人所得稅老早開徵了

現在，每個人都要報繳的「所得稅」，可溯自日本時代的一九二一年。在那以前，台灣只課公司法人繳所得稅。這一年，普通人開始必須報繳所得稅，當時給了一個專有名稱，叫做「第三種所得稅」。

稅目名稱略有不同，古早的稅制卻已經很有現代感。當今的所得稅分五個等級，五個稅率從百分之五到百分之四十不等。九十年前也有級距，而且拉得非常開，共二十一個等級，最高一級是超過四百萬圓課百分之三十三，最小一級是所得八百圓以下課百分之零點二五。以一個年輕警察月薪不到二十圓，年薪不超過兩百四十圓來算，要繳的所得稅不到一圓。

❶為了宣導按時納稅，在大街上懸掛標語布條。

個人所得稅開徵的那一年，總督田健治郎自然也不能例外。報紙幫他把年薪、津貼和年終獎金加一加，總共一萬兩千圓。類似現在有標準扣除額，田總督也能夠以所得的八成來計稅，算一算，結果要繳四百二十三圓；萬人之上的總督，單單所得稅，就比小公務員的一整年薪水還要多。

不過，公職人員再高薪，永遠追不上資產家和大商賈錢進口袋的速度。早幾年，國稅局會公布「十大優良納稅人」，二〇到三〇代，日本殖民政府沒有這種做法，不過報紙會代勞，揭露「大富」名單。一九二八年，台中州所得五萬圓以上的大富有六人，第一名正是今天中信集團辜濂松的祖父辜顯榮。一九二九年，台北基隆年所得三萬圓以上的大富有二十七人，無一公務員，盡是商界人士，而且台灣人佔十五位，略多於日本人的十二位。

依二〇年代的所得稅記錄，金字塔頂端的富貴階級，台灣人似乎比日本人富裕。但進入三〇年代，情況逆轉。一九三六年，台北納稅額一千圓以上的大戶有四十五人，台灣籍只佔九位。大約跟三〇年代經濟繁榮，許多日本商人介入現代行業有關。他們

❷花蓮稅務機關製作大型的人偶，宣傳稅是百政的根本。

❸早期沒有電視和電腦，政令宣導跟電影宣傳、商品推銷一樣，常以遊街的方式，輔以鼓樂和旗幟，吸引注意。

開百貨公司、開客運、開咖啡店、賣書、賣布、賣房子、賣建材，也有醫生獨立開業，而台灣人仍以地主居多，以田租積富為主。

現在大戶被查逃漏稅，以前也有這樣的劇情。日本時代，財界有個響叮噹的大人物，名叫後宮信太郎，日治之初來台，只是一家建材行的店員，後來靠煤礦金礦，成為人們口中稱羨的「金山王」，最後並出任台灣商工會會長。一九三三年，後宮信太郎賣掉金瓜石的礦山，被稅務單位盯上，認定個人前一年總所得為兩百八十幾萬圓，應繳七十七萬多圓的個人所得稅，後宮不滿，提起訴願，扯了好一下，改繳近三十八萬圓，幾乎是腰斬大方送，他也就接受了。對稅徵機關來說，三十八萬圓也已經是巨額了，以一般家戶應繳的「戶稅」，一戶也不過兩、三圓而已。

現在申報所得稅時，若有扶養親屬，可扣除一定金額，一九二一年開徵時也有相似規定，家有十八歲以下和六十歲以上的親屬需要照顧，一人可扣一百圓。現在可扣除醫療花費、公益捐獻、房貸繳款和保險支出，則是當年所無，但一九二四年四月初，台北州和台北市的稅務課發出紅色宣傳單，發到各戶家裡，

2

3

④高雄市的童子軍也組成宣導納稅的陣容。

通報一個好消息，保險支出可從所得總額扣除，而且最高可扣到兩百圓。

保險支出扣除申請書要到稅務課或地方上的「役場」（今之區鄉鎮公所）拿。聽起來有點麻煩，但官方偏偏又來示好，說扣除申請書隨便拿，愛拿幾張，就可以拿幾張。聽起來有點好笑，政府要民眾口袋的錢，才難得這麼慷慨、客氣。

當然，生活在一九三〇年代的人，不僅僅繳一個所得稅而已。每一戶有所謂「戶稅」要繳。騎腳踏車要繳兩圓四角，騎摩托車要八圓。開自家車，馬力小的，一年二十五圓，馬力大的，稅更高達七十圓。交通要稅，養狗一年也要兩圓稅，當藝妓更按月計稅，一個月五圓。

所以，各時代都是一樣的，都是「萬萬稅」。

日系百貨的致命吸引力

日本阪急百貨兩年前在台北開幕，第一週立即湧入八十萬人潮。不過，日系百貨的致命吸引力，似乎不是從今天才開始。

一九七五年，板橋林家的林明成與東急百貨合作，創立「永琦」，開啟台日合資的先河。近二十年來，台灣人熟悉的大百貨公司，新光三越、太平洋Sogo、大葉高島屋、大統伊勢丹，一看招牌就知道是台日的混血。

在更早的日本時代，日本的知名百貨的觸角已伸向台灣。一九〇八年，三越打頭陣，來台北搞「出張販賣」。出張是日文「出差」之意，譯成易懂的現代語言，就是三越跨海來台辦展售會，貨來，店員也來。過沒兩年，高島屋和白木屋（東急百貨的

❶ 明治以後，日本消費經濟發達，逛街購物變成東京人生活的最大樂趣，三越百貨前總是人潮擁擠，摩肩擦踵。

❷ 一九二〇年代後期，東京人一年平均花四十圓在百貨公司買東西，大約是一般台灣人一、兩個月的薪水。圖為日本橋三越本店，其象徵物獅子鎮守大門口。

前身）也跟來了。此後到一九三〇年代後期，這幾家百貨店幾乎年年報到，一年還春秋兩回。雖然每次只來個三天、六天，又不是把整棟如現在Sogo大的日本本店搬來，而是借用大旅館不到百坪的場地，照樣熱鬧滾滾。一九一〇年，台北的城內和艋舺、大稻埕三個人口密集地區，總人口不到十萬的年代，一個上午就有兩千人殺進高島屋的特賣會。

台籍顧客多或少，不得而知，但根據新聞報導，台灣人扒手已知可趁血拼之亂幹一票。一個叫鄭安的年輕人，在高島屋的台南特賣會中行竊，事跡敗露，馬上抽出一支兩尺多的長刀，殺出會場，抗警追捕，還砍了警察的左手腕一刀。

三越等店來台販賣的洋傘、化妝品、鞋子、西裝、戒指，台灣的商店也無一不有，但日本名店來的，不啻燙過金，喊的口號又是「本年最新流行」，弄得台灣的買客招架無力。本地的商家更是如臨大敵，每年都為了應付跨海大戰，傷透腦筋。人家在旅館裡頭設攤，他們就在旅館門口擺位子，人家搞「來店禮」，送團扇，他們就學著送免費戲票。

二〇年代以後，日本百貨名店還向台灣推銷一種新穎的消費

1

2

3 明治以來，白木屋與三越一直並駕齊驅，到昭和初年，同為東京兩大百貨。

型態，當時稱「通信販賣」，也就是郵購。大阪的大丸、松坂屋、高島屋，東京的白木屋和銀座三丁目的松屋，都曾在台灣的報紙刊出郵購廣告，而大阪的阪急最是激動，常常刊登半版大幅廣告，羅列商品與價格，佐以圖畫，勾引購買的慾望。

話說回來，透過跨海展售和郵購，台灣人與日本百貨名店的相遇終究隔層紗。日本時代，不少台灣人倒是在日本實地體驗了正港的日系百貨。

一九二九年春天，霧峰豪門林家的老爺林獻堂到東京，一個月間，白木屋、三越、松屋都逛過了，買了銀花瓶、棹罩。四月一日，則先到三越吃午餐，再往上野，松坂屋當天開幕，林獻堂一行四人還去湊了熱鬧，只不過，「觀者擁擠不得而入」。

台灣最早的百貨公司「菊元」，遲至一九三二年冬才出現，而逛百貨店早已是日本人生活的樂事與要事，難怪林獻堂等人到了東京，也常穿梭各百貨公司之間。

明治以後，日本消費經濟發達，逛街購物變成東京人生活的最大樂趣。明治三十七年（一九〇四年）第一家百貨公司「三

3

勸 善 懲

❹有百貨公司為背景，人物似乎也多了風情。

❺戰前，眾所熟悉的日系百貨並未在台設點，但常有跨海特賣三天、五天。

越」開張，後繼者踵至，到昭和初年，分別有三越、白木屋、松屋、松坂屋、高島屋、布袋屋、丸菱、武藏屋、新宿松屋等多家百貨公司散布各地。

這些百貨公司除了以大資本為後盾，實踐所謂的近代的資本主義企業經營，營業形式也學習西方，因此百貨公司具備了「摩登」的意味。到一九二〇年代後期，東京人無論老幼，一年平均花四十圓在百貨公司買東西。四十圓放到台灣生活，大約是一般人一、兩個月的薪水。雖然東京百貨公司佔市民消費不到一、兩成，但少少幾家百貨，卻能達到這種數字，可見百貨公司當時的魅力。

台灣夜市的來歷

日治初期的報紙曾經這樣說，一八九五年，日本人來到台灣，很快發現，台灣人做生意，「往往卜晝未嘗卜夜」。卜字意指「選擇」，換句話說，天黑了，台灣人的店家也休息了。

日本人來，逐漸改變這種市況。

日本人從北地來到南國，一到夏天，如臨大敵，加上他們從家鄉穿來的和服，無不緊緊包腳又包胳臂，不像台灣人穿輕薄的台灣衫，褲子可七分、可八分，還很寬鬆，可以想見，日本人的台灣之夏有多難熬。

「日中炎熱。人罕外出」，對商人來說，外頭熱得要命，屋子內的生意卻冷得要死，唯有太陽隱沒的夜晚才得到解藥。

❶圖為一九三〇年代中期植物園的一個展覽會，入口兩邊各有一個攤車，那是日式的「屋台」。傳統台灣走販以挑擔為主，日式屋台才是現代台式攤販的前身與雛型。

❷ 東京最熱鬧的銀座，戰前曾經入夜以後，攤販雲集，此景現在已經不復見了。

❸ 戰前東京日本橋地區的夜市，攤販賣玩具、書、雜貨、舶來品，應有盡有。

2

一八九七年的夏天，台北城內、北門外、西門外的日本商店，已經「夜夜燈光燦爛」了，客人熙來攘往，反而比白天熱鬧。日本人稱之為「夜市」。

日文本來就有「夜市」兩字，但當時顯然跟現在攤販集結的概念，不完全一樣。日治最初之期，夜市應該是指商街店舖晚上也開門做生意的意思。像一九〇五年的嘉義也一樣，市區主要道路拓建之後，設了路燈。那時路燈還不是電燈，而是由日本人商家聯合會，每晚聘苦力去添油點燃。幾盞油燈跟以前入夜即墨一比，大家驚嘆黑夜如白晝，紛紛外出逛街，生意因而興隆，報紙便說「竟成夜市焉」。

台南市一些街上，也開始有所謂夜市，商人在夏天黃昏時候，「多排設路店。以備行人採買」，也有些店舖，在騎樓擺各種貨物，讓客人方便選購。這些晚上在店前設攤擺貨的「夜市」，又以日本商家居多。

從報紙的資料看，到了一九〇八年，有人在空地設夜市，這是台灣現代某一類夜市的雛型。原來是高雄先設了有牆有屋頂的大市場，管理市場的商人葉宗祺覺得旗津離新市場太遠，向當局

3

請准在旗津天后宮的廟前設小市場，每天「自午後六時起。至十二時止。作為夜市」。

二〇年代，各地夜市就多了。有的選個幾天，大小店家一起把商品「陳列於道之側，添設電燈。每夜紅男綠女。結伴成群。為購買物品有之。為賞玩風光亦有之」；有的是像台南市西門町，闢了圓環，攤商小販「每夜麕集。遂成為南市集中市場。徹夜喧嘩。生意極盛」。

一九二九年，新竹商工協會的會員也在那裡商量，要在市區選塊空地開夜市，結果，西門城隍廟前和新竹公會堂（今武昌街的生活美學館）前兩處，最受青睞。

台北戰前最熱鬧的圓環夜市，則始於一九三〇年。一九二九年經濟大蕭條，代理美國汽車的台灣代理商之前還猛刊廣告，一進三〇年，就如消了風的氣球，攤軟伏地。景氣不好，大稻埕的台灣人店舖生意清淡。報紙說，一些小販就「聚

❹日本時代，官方在各地普建市場，其型態都是在市場主建築外，還有空地，空地外，再被圍牆包住。

集在圓環公園、陳祖宗祠（按，今寧夏街二十七號）前。開設夜市」，生意頗佳。他們也很有頭腦，吆喝了四、五十人，準備在大稻埕各空地再辦短期夜市，三或五天不等。

一九三五年，寧夏路附近一位小學老師劉萬居，更進一步出面跟官方申設夜市。依當時報紙所載，夜市的範圍就是蓬萊公學校前的「道路兩側」，也就是今天寧夏夜市的所在。

這一年，寧夏夜市這邊，姓林的和姓呂的，都是二十幾歲的年輕攤販，為了爭奪好位置，一個持錐，一個揮刀，引來一堆群眾圍觀，但沒人敢上前制止，最後兩人把對方的肚子、大腿、後背，弄得鮮血淋漓，雙雙被扶往派出所自首。當今夜市人生的戲碼，原來那時也早上演過了。

一九三七年，台北詩社曾以台北夜市為題，圓環入詩的次數比寧夏夜市多；「堪羨圓環風味好。十人飲食九傾杯」、「圓環掩映電光推。簇簇車聲似晚雷。成列商人長雜踏。許多購客好徘徊」，詩讀起來，彷彿就是今天夜市的寫真。

日本時代，台灣各地街庄已有不少夜市，往往在廟前開賣。南投竹山廟前的十字路口，每天晚上總有三十個攤販聚集成市，

遇到大拜拜，更爆增到一百攤。宜蘭市中心拜媽祖的昭應宮，也是賣魚的加賣吃的，人潮不絕，為附近商店帶來許多錢潮。不過，這兩處都曾因妨害交通，遭警察下令遷移到市場內。

日本時代，日本政府在各地興建市場，就像現今台北的紅樓劇場一樣，有圍牆包住，裡頭主建築之外，還有不小的空地。夜市攤販就是被趕進市場牆內的空地。說也奇怪，台灣人似乎就是不愛夜市如圍城，搬進牆內的新夜市馬上人氣盡失。宜蘭民眾抱怨官府失策，竹山經過陳情，也從市場內搬回馬路邊，夜市才再度復活。

台灣人喜歡的夜市本質，必須熱鬧紛亂，讓人可以隨性不拘、自由進出，這一點，似乎老早老早以前，已經相互許諾。

百年地價追逐戰

1

台北市地價節節翻騰，一坪百萬、三百萬，喊得那麼響亮，台北土地價格沒千沒萬的歲月，已屬台北盆地的古老記事了。

不要說一坪地沒千圓、沒萬圓，一百多年前，一坪貼著台北城門外的地，連「一圓」的邊都沾不上。一八九六年，日本統治台灣第二年，城內往熱鬧的艋舺必經的新起街（今長沙街一帶），一家物產會社在這邊買地，一坪才十錢，也就是一角，一圓的十分之一而已。當時，兩顆蛋要四錢，一坪地恰恰跟五顆蛋等值。

❶一九四〇年，今建國南路二段、和平東路二段一帶，地價一坪十八到二十一圓之間。到建案現場看房子，建設公司還提供免費汽車接送的服務。

一九一〇年代，大稻埕有個響噹噹的名廚，叫林聚光，店號也瀟灑，叫「春風得意樓」。依報載，日本閑院宮載仁親王二度來台，總督想在官邸辦中式料理晚宴以饗貴客，特派官員到大稻埕查訪，「遂命該樓主林聚光措餚」，進官邸掌廚。

一九一六年，這位餐廳老闆擴大營業，把春風得意樓遷往更大的店面，前一年，林聚光為此曾經登報賣地。他要賣的土地有兩筆，「詔安厝街神社大路邊」（今中山捷運站南邊一帶）和「三板橋大竹圍」（林森北路和南京東路一帶），約七千坪。這個現在看起來讓人流口水的地點和坪數，九十五年前，賣家林聚光才開價一坪三圓。當時，和現在長相一模一樣的森永牛奶糖，小盒裝一盒賣五錢，換言之，六十小盒牛奶糖，就能換得今天台北精華地段的一坪土地。

一九二〇年代中期開始，京町（北門到衡陽

❷ 台北市沅陵街也屬京町。圖為一九三〇年前後的影像。

❸ 圖為一九三〇年前後，台北市開封街靠博愛路口一帶。此地屬京町，台北市的都心，地價昂貴。

樂仙樓
氷
3

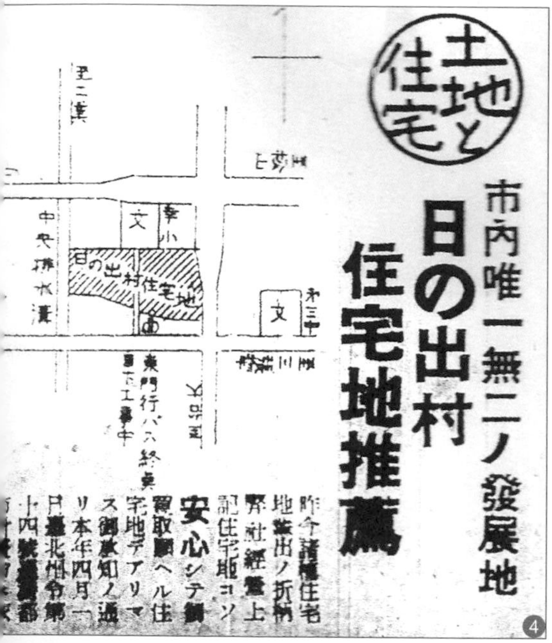

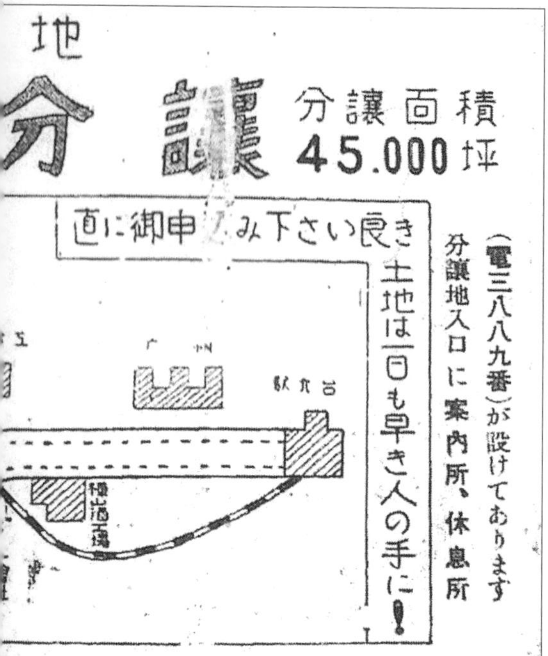

❹一九三七年，今台北市仁愛路豪宅「帝寶」的對面，推出一個叫「日の出村」的建案，一坪才二十一圓。

❺一九三八年，今台北市八德路三段北側，有大片建地待售，一坪才十三圓到十七圓而已。

路之間的博愛路兩邊）商家一起改建，街景脫胎換骨，充滿新風華，現在博愛路的三層樓舊房都是當年遺留。附近的榮町（衡陽路兩側）和本町（重慶南路一段沿邊）的地價，原本一坪都比京町貴個二十到五十圓不等，改建話題發酵，一九二八年，突然從原先一百多圓的市價中，竄出一坪三百圓的成交新天價，報紙驚嘆「臺灣第一高價」。

台北市內八德路二段一帶，日本時代就叫中崙了，在一九二九年間，預料會成為工場進駐之地，原本一坪一、兩圓，

ニ非サレハ家屋建築ハ
願出ラレナイノデアリマス
然ルニ弊社經營ノ日の出村
住宅地ハ建築線ノ指定済ト
ナリタルヲ以テ直チニ建築
ニ着手スルコトヲ得ル而已
ナラス（市區計畫線ハ既ニ
決定シ）同時ニ區畫整理線モ決定シタル故安心シテ御買取
ヲ願ヘル次第デアリマス。

位置　臺北市大安字十二甲幸小學校隣接地
價格　坪貳拾壹圓
坪數　八拾坪、九拾坪、百坪、百貳拾坪
設備　道路、側溝、水道、電燈線完備
支拂　土地即金又ハ拾ケ年迄ノ月賦拂家屋ハ拾ケ年迄ノ月賦拂利率年八分五厘

土地高燥、風景絶佳、夏期清涼、環境良好設備完全、交通至便、東門町バス終點ヲ日の出村入口ニ移轉ノタメ目下工事中、以上ノ通リ郊外快適ノ住宅地トシテ御推薦申上マス

貸地

位置（臺北市御成町五丁目宮前町大理教東北隣接地（建築線指定済ニ付直チニ建築スル事ヲ得））
地代　坪月拾六錢
坪數　百坪、百貳拾坪
設備　道路、側溝　水道　電燈線完備

右御希望ノ御方ハ弊社ヘ御來談下サイ

臺北市大安字十二甲三〇九番地幸小學校西側

臺北土地建物株式會社　電話六三三四番

近代的理想住

東町住宅地

坪 13円より 17円まで

交通至便
（市バス局バスの便あり近日ガソリンーも開通豫定）

設備完全
（電燈・水道・下水溝・道路 私設公園・無料電話完備）

家賃で土地家屋の月賦が拂へます

家屋の設計・建築請負も親切叮寧に致します

御申込次第案内書を差上げます

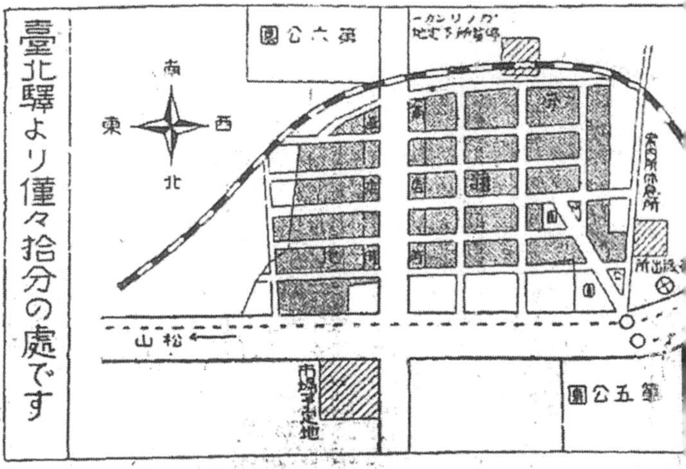

臺灣土地建物株式

應聲漲到三、四圓，臨著馬路的土地，因八德路舊時是台北到基隆的縱貫公路，地價被喊得更貴，一坪要五、六圓。看著這樣的價格，頗讓人興嘆，恨不早相逢。

就像現在捷運帶動房市一樣，日本時代的交通新建設也藏著激揚地價的動能。現在的汀州路，以前是萬華到新店的鐵道，一九二一年開通，台灣人多從萬華上車，日本人多自螢橋上車，搭這條鐵道到新店遊樂。短短一年之間，新店地價就被鐵道帶著衝，從一坪一圓飆到十圓，翻漲十倍。一九二五年，臺北橋開通在即，對岸三重那邊的砂地，也是從六圓漲到二十圓一坪。

現今豪宅帝寶斜對面的幸安國小，以前叫「幸小學校」，專給日本小孩就讀。學校後方，一九三七年推出大型的住宅地案「日の出村」，每一單位八十到一百二十坪不等，一坪才二十一圓。當時許多職業月薪已到二、三十圓，牧師甚至有五十圓，如果當時有點置產概念，相對於今，價格可真是友善。

錢夠時，觀念不到位；有觀念時，戶頭卻總是少好幾個零，這或許就是台北平民追逐地產的「百年遺憾」。

櫥窗裡的假人

❶ 早期模特兒假人的作工繁複，彷彿創製半個藝術品。

商店裡，假人模特兒根本就是個矛盾的存在。走在潮流先端，天天穿最時髦的新衣，四肢健全，卻不得動彈，只能在櫥窗呆望，在大賣場枯等。

聽起來，了無生意，但少了假人模特兒，服飾業卻又幾乎難以運轉。

這些無聲無息，卻總在你我前後左右的假人模特兒，目前可知的前世，最早可推到一九三〇年代，台北熱鬧市街的商店已架出來當超級推銷員。

戰前台灣的假人模特兒有兩個來源，一從日本進口，像大稻埕太平町二丁目（今延平北路、南京西路以南一帶）一家鈕扣店

❷戰前日本的大百貨公司，有比台北更高大的透明櫥窗，假人模特兒的陳列手法更時髦。

「市松」就代理東京的假人模特兒。另一來源是本地自製，三重埔（今三重區）那邊有一家叫「高松」的專門工場。

日本國產假人模特兒始於一九二五年。稍早以前，日本曾進口法國的假人模特兒，京都製造精密儀器著名的島津製作所標本部幫忙修繕過，後來，老闆的兒子島津源藏東京美術學校畢業，便開始投入這個半藝術的商品。

戰後大家熟悉的假人模特兒，是以人造樹脂為原料的機械製品，戰前卻是一項手工藝品。以島津所做的模特兒為例，先要打出頭臉手腳等部位的石膏模型，再糊上濕潤的紙，乾了以後，組合成人型，反覆刷上讓日本傳統人偶臉白白的塗料，叫「胡粉」的一種貝殼粉。再經砂紙磨光等繁複手工，最後上彩，才大功告成。

三〇年代，在最熱鬧的榮町（衡陽路一帶）逛街，可以看見「藤井吳服店」的大櫥窗裡，十個假人一字排開，穿豔麗和服，全是黑髮的婉約女子模樣。

大家是否注意到上一段文字，假人模特兒是放在「櫥窗」裡。戰前，玻璃櫥窗本身就有摩登的義涵，走在時代前端的假人

2

❸有了櫥窗和假人，店家商品多了好些說服力。

❹台北最大百貨公司「菊元」的模特兒，都是白膚金髮的洋人。

模特兒，當然要生活在時髦的櫥窗裡。以前櫥窗又稍高，顧客行人得「仰望」假人模特兒，不像現在，假人常站在走道邊，與真人可以「平等看待」。

看完藤井吳服店櫥窗裡的和服美人，往前幾步路，穿過馬路，最知名百貨公司「菊元」的櫥窗風景就不一樣了。穿洋裝的女模特兒，戴鴨舌帽、穿吊帶短褲的孩童模特兒，全是洋人臉孔。離開城內，往台灣民眾集住的大稻埕去看，商店擺出的假人更是各個洋頭洋腦。

一九四〇年，大稻埕那些安靜的洋人模特兒開始不得安寧。三〇年代單純的時髦象徵，此時因戰爭硝煙起，日本跟西方國家愈來愈不對眼，愛國情緒高漲，展示「紅毛碧眼」的模特兒，反成一種「歐米崇拜」（「米」指美國）的暗喻，甚至是刺眼的挑釁。

算一算，單單大稻埕，總共有六十家店，用了兩百十二個洋模特兒。九月十日，管區警察局「北署」（今寧夏路上的大同分局）把四十家店請去道德勸說，大家乖乖雙手贊成。不過，日本製的假人模特兒要價八十圓，台製的也要五十圓，相當一般薪水

階級一、兩個月的所得，換成現在的價值感，就是一尊假人要花好幾萬元來買。丟掉，浪費，不用，太可惜，於是大家想出一個兩全卻不怎麼美的辦法——決定十月份趕快來一場人種大改造，把模特兒的頭髮、眉毛、藍眼珠子都塗黑，變身為東方人。

幾年後，戰爭結束，平民百姓都很高興，不用再受槍火炮彈威脅。那些假人模特兒應該更高興，恨不得自己有手可以趕快把黑墨擦掉。

異國情緣

北韓來的刺客

❶ 北韓首都平壤在戰前的南門町大街，已有電車。

一九三五年元月十五日，氣溫十八度，外頭下著雨。麻煩的陰雨天，豪族霧峰林家的林獻堂特別從霧峰到台中，去給警察單位的醫生檢查身體。這可不是件例行自費體檢，而是奉命辦事；因為過幾天，官方要他晉見「李王」。見此日本皇室成員，可不能咳著嗽、流著鼻水。外觀不佳，還在其次，病毒細菌傳染給王爺，罪惡才是難赦。

「李王」原為朝鮮李氏王朝的繼承人李垠，無奈一九一〇年，韓國被日本併吞，比台灣晚十五年落入日本帝國手裡。在此之前，一九〇七年，不到十歲的小李垠被伊藤博文帶到東京唸日本書，味道像極幕府時代，大將軍為了有效控制各藩城主，讓各

1

藩的少主到江戶（今東京）居住，充當人質。李垠後來也像許多幕府人質一樣，娶日本皇室梨本宮守正王之女。

戰前的三〇年代，日本皇室沒幾個「宮」，人數也寥寥，李王卻能以異族而入列皇室成員，成為「昌德宮」，日本統治朝鮮所用的心思力氣，與對付台灣所花的心思力氣，似乎很不一樣。

台灣在日本統治的時代，台灣人跟日本皇室完全沾不上關係的邊，日本連給台灣一個子爵男爵都沒有。從李垠的角度看來，日本似乎是比較「照顧」韓國。但從韓國人民的立場看，韓國原有自己的王朝，被日本兼併，反而有沉痛的亡國之恨。台灣島上，帝在遠方，沒有國滅之殤，淪為日本殖民地，顯現的集體情緒，以被棄的孤兒之憤最為強烈。

或許是痛感不同，對抗日本帝國的手段，激烈程度也不同。

一九〇六年，日本才派第一任的「統監」（類似總督）伊藤博文到朝鮮，三年後，就被朝鮮獨立份子安重根給暗殺了。此後皇太子也曾遭暗殺，雖然沒有成功，但朝鮮人抗日不像台灣人寫寫文章、搖搖旗那樣溫和，他們殺王殺侯的行動接連不斷。

一九三二年，李奉昌又在皇居櫻田門對昭和天皇的車隊丟手榴

❷久邇宮邦彥親王來台遇刺當時，他的女兒已是昭和天皇的皇后。
❸朝鮮的李王李垠（右）小時被帶去日本留學，並娶日本親王之女（中）。

彈，三個月後的上海，二十五歲的尹奉吉穿著長外套，混入慶祝天皇生日的虹口公園會場，就在全場唱畢國歌「君之代」的剎那，把一枚直徑四、五吋的白色炸彈丟向主席台，造成幾個日本大將中將死的死、瞎眼斷腿的瞎眼斷腿，駐華公使重光葵也被炸掉右腿。

就在一連串的重大暗殺之間，有個朝鮮刺客也在台灣行動了。

一九二八年，昭和三年，四月底，裕仁天皇剛滿二十七歲，他五十五歲的岳父久邇宮邦彥王以陸軍特命檢閱使的身分來台，整個五月，都在各地巡視軍隊。

五月十四日一早，邦彥王準備離開台中，返回台北。九點五十分左右，他的座車行經州立圖書館前的大馬路，只見兩旁成排綠樹，樹下擠著歡送的人群，右側樹下一群小學生中，從後方突然殺出一個年輕男人，穿著日本「法被」，一付日本商店雇人的模樣；衣襟在胸前交叉，果然寫有「富貴園茶舖」幾個字，正是茶行職員趙明河。他有個日本名字明河豊雄，卻是如假包換的韓國人，出身朝鮮黃海道，屬今北韓。

3

趙明河先衝到邦彥王車子後方，右手亮出一把短刀。當時的汽車不像現在多是鋼板包起來的房車，二〇年代，敞篷車很多，邦彥王就坐在敞篷車的最後方，看似危險，但其背後有敞篷阻隔，趙明河一時刺殺不遂。此時，座車司機也反射動作，把方向盤往左一扭，於是，趙明河最後一搏，把手中的刀子擲向車內。邦彥王被隨扈押下身軀保護，刀子便飛向駕駛，意外刺傷了駕駛的左背。趙明河隨後往左邊逃去，但被台灣籍的兩位警察鄭有弟和蔡福攔捕。一場當街刺殺親王的大戲，一兩刀光，三五腳步聲，幾秒之間，便落幕了。

之後一個月，台灣彷彿未曾發生這件刺殺刑案似的，新聞上不見一個字。邦彥王繼續他既定行程，還去淡水打了高爾夫球。

❹戰前日本的選舉投票，曾經容許書寫韓文。圖為名古屋的選舉看板，以韓文寫上日籍候選人的名字。

❺新聞照片嘗試以幾個符號，描述行刺經過。×代表趙明河從右方樹下走出來之後的動線，Δ為行兇時的位置，逃到○點，即被逮捕。

❻日本本國的新聞畫報以全頁刊登了趙明河行刺事件，有現場照片，也把他的情人和書信手稿披露。圖的右下方為刺客趙明河身穿富貴園茶舖的法被。

但趙明河那一刀引起的政治震盪，卻如平靜海面下的巨濤，洶湧無比。案發整整一個月後，六月十四日午後三點，官方才對外宣布這個「臺中不祥事件」，上山滿之進總督同一天請辭。首相也不挽留，好像早已準備好似的，馬上從口袋拿出名單，決定換上新總督川村竹治。

幾個月後，趙明河被判死刑，在台北上了絞首臺，屍埋於六張犁。

那些在趙明河之前之後的暗殺份子，戰後被尊稱英雄義士，暗殺行動被抬高為義舉，遺骨或者從日本迎回韓國，或者設有紀念館。

比較起來，趙明河是寂寞了。

長長八十年過去，一個北韓人曾經行刺日本親王、搞掉一個台灣總督，沒有光榮，沒有輝煌，只有故事隨主人翁一起埋沒在六張犁。

5

久邇大將宮殿下を害し奉らんとしたる一鮮人

（右上）犯人兇行の現場を示す。犯人趙明河は寫眞の右端×印のところより飛び出し×印を走り過ぎて△印の個所にて兇行を演じ○印のところにて逮捕さる。

陸軍大將久邇宮邦彥王殿下には陸軍特命檢閲使として五月上旬御渡臺遊ばされ同十四日臺灣臺中部隊の御檢閲を終へさせられ臺北に赴かせらるべく自動車に召されて臺中市內大正町一丁目臺中圖書館前に差蒐らせられたるところ沿道奉迎の學生團の背後より襟に富貴園と染め拔いた印半纏を着用せる一怪漢右手に短刀を閃めかして走り出で畏れ多くも御召自動車のステップに飛び乘りあはや殿下に危害を加へ奉らんとしたるがその刹那自動車の運轉手は左へ急カーブして速力を早めたる爲め怪漢は地上に振落され倒し五六歩追ひ縋つて手にせる短刀を投げつけ逃げんとするを堵列奉迎中の女學校教諭內田賢吉氏背後より組み付きて取押へ忽ちその場に捕縛された。此者は朝鮮人趙明河（二四）と稱し昨年十一月渡臺し同市の茶園富貴園に雇はれてゐたものである。

謹啓　時下秋冷之候貴下益々御清勝之段奉賀候　小生御蔭を以つて海陸共異狀無く今晩七時當地安着致し候間御安心下され度候　先づ安着の御通知迄

十一月七

臺中市西川通

明河

犯人の情婦鮮人娼妓許順蘭（二六）

兇行當時の趙明河

6

台灣出現過最高的人

台灣出現過最高的人，不是西洋人，也不是中國籃球明星姚明，而是韓國人；而且還是上個世紀三〇年代的來台訪客。

戰前的日本時代，一九一〇年朝鮮李氏王朝被日本兼併，韓國和台灣同樣天涯淪落，彼此往來卻不算頻密。直到四〇年代，在台灣的韓國人只有少少兩千人。

與刺客趙明河同時，住在台北州（含括今台北、宜蘭和基隆）的韓籍只有兩百零九人，男女差不多各半，男稍多於女。總數九十一位的朝鮮女之中，來台灣操娼妓業的又超過一半。男性則一半的人在當船員和漁夫。

朝鮮女人在台灣為妓，總數少，顯得稀奇。日本時代的基

❶ 戰前日本統治朝鮮時最高的行政機關「朝鮮總督府」。

隆、萬華、竹山、阿里山上、嘉義市、彰化、虎尾、朴子，都有那麼一家「朝鮮樓」。它們不是連鎖店，但裡頭或有個韓國老闆，或由韓國女子提供了韓式的酒色春風，彼此有暗號似的，一致取名「朝鮮樓」。

和台灣關係如此稀薄的時代，一九三四年，卻來了一個稀奇的朝鮮人，騷動了全台。

他搭船從基隆上岸，拿出名片，很有明星派頭，頭銜不是某公司某商店或某學校機關的某人，而是以日文漢字印著「世界的巨人東洋第一位金富貴」，意思說他是世界級的「巨人」，身高稱霸東洋，名叫金富貴。

到了台北火車站，記者要拍新聞照，背後早已經自動圍了一群人，剛好當現成的背景，襯托出朝鮮巨人到底有多高。那天值十一月下旬，金富貴頭戴紳士帽，著全套正式的西裝，裡頭還穿背心，把領帶遮去一半。一般成年男人站過去跟他一比，只及上腹，還不到背心叉口的領帶。

金富貴真的好高，兩百三十五公分半，比姚明還高。NBA官方版的資料，姚明穿了鞋之後才有兩百二十九公分。金富貴出身

❷戰前朝鮮的農村風景。
❸金富貴也到臺北醫專訪問，向來形象「偉大」的校長堀內次雄（左一），此刻都變渺小了。（台大電機系陳德玉教授、台大校史館提供）

2

今南韓朝鮮半島西南的全羅南道求禮郡，爸爸一八〇左右，媽媽卻只有一五〇，他在七個兄弟中排行最小，六個哥哥的身高都普通，唯獨他特殊。

第二天，金富貴又像明星一樣，被帶去拜訪媒體。他到台北西門町附近的台灣日日新報社，記者追問了大家都好奇的問題。長這麼高，最苦惱甚麼？他說是上廁所，若廁所太小，一進去，很難動彈。再者，出外的時候，坐榻榻米上的座墊不夠大，睡覺的被子也要兩倍大才行。記者又問到太太，二十九歲的金富貴說，前年結婚了，太太只有一五九公分。比起姚明太太葉莉的一九〇，金太太嬌小多了。

訪問結束前，報社也玩了一個現在常見的梗，請金富貴簽名，再登在報紙上。他用行草簽了「世界三番巨人」，意即他是當時世界第三高的人。事實上，他應該也是台灣土地上有史以來出現過最高的人了，到今天，記錄還未被打破。

金富貴在台灣的旅行長達一個月。十二月初到霧峰拜訪名望家林獻堂，換金富貴向林老爺索書紀念，林獻堂寫了「可以新高爭雄」，借新高山（玉山）來讚嘆金富貴的高大。那天，林獻堂

❹朝鮮的農村鄉間，到處豎立「將軍標」，咸信可以除魔。

在日記的最前頭，提綱寫了三件事，其一就是「巨人來訪」。拜訪霧峰林家，大家在萊園內談話，還不至嘈雜，金富貴一到庄街去，雖不到萬人空巷，但奔相走告，一時聚集，人數也往往以千計。依地方記者報導，到員林，「圍觀者。達數千人也」。到宜蘭，在火車站內外，「觀眾人山人海。約千餘名」。到虎尾，「街民圍觀者如山」。入住斗六的一家旅館，「其偉大體軀。實屬珍奇。故遠近來觀者眾。該館前一時極呈熱鬧」。

因為珍奇，商家也很歡迎金富貴。在台北，他去了福特汽車經銷商那裡，和汽車合照，被放到汽車雜誌上。

金富貴拜訪過的人物和機關真是多元，連臺北醫專（台大醫學院前身）也去，校長堀內次雄博士出面接待。堀內校長一直深受學生愛戴與敬重，台籍學生後來還合贈一棟房子感謝師恩；他每次出現在照片，都給人崇高之感，唯獨和金富貴合影，「偉大」的堀內校長，第一次變渺小了。

結束台灣行，金富貴的下一站是上海，他正環遊各國，繼續帶給不同的人民一樣的驚呼，讓大家知道世界之大，真的是無奇不有。

九十年前美國職棒到台灣

美國職棒大聯盟的賽事非常好看，不過千百場球賽，台灣人只能從電視上看轉播。但是，近幾年，有那麼幾次，大聯盟球星會飛臨台灣，大家可以親睹這些職棒明星的風采。

美國職棒大聯盟來台灣辦明星賽，每次都是未演先轟動，除了加開賽局之外，徵選翻譯志工，報名表也是如雪片飛來，六百多人搶二十五個貼近明星球員的機會。

美國職棒大聯盟已經有一百一十年歷史，踏上台灣土地，並不是近幾年的事。美國職棒球星第一次來台的時間，超乎想像的早，那是一九二一年的元月，距今超過九十年了。

依現存資料看起來，無法確定有隨身翻譯，不過，當時商人

❶一九二〇年，美國職棒組隊到日本來打明星賽，圖為初抵橫濱的全隊合照，時值十一月下旬，選手們穿大衣、戴紳士呢帽。

推出一種現在沒有的紀念商品「米國最強野球隊來臺紀念繪葉書」，也就是紀念明信片，一組有八張，在台北各書店可以買到。

還有一個大不同，現在美國職棒隊伍都是專程來台，九十幾年前的初相見，台灣只是日本巡迴表演賽的一站而已。美國職棒球團由二十三人組成，一九二〇年十二月三日，從舊金山搭船出發，千里迢迢，漂行海上二十天，才橫渡太平洋，抵達橫濱。港邊歡呼聲中，有人戴鴨舌帽，更多人戴呢帽，但無一不規規矩矩繫著領帶，罩著大衣外套，散發出戰前年代的紳士氣味。

美國職棒球團在東京大阪連番出賽，打了十幾天，很快元旦過去，到了八日一早，一行人搭香港丸現身基隆港。前一天，報紙還說球團有十五人要來台灣，但眼前算一算，只剩十四人，除開有球員在日本扭到左腳，其他缺席的理由不得而知。球員忽來忽不來，不到最後一刻說不準，過去和現在都一樣。

現在由運動行銷公司籌辦美國職棒球隊來台打明星賽，一九二一年那一次，全靠一位日本報社駐台的記者「木村八生」張羅。也是這個人居間斡旋，一九一七年，美國著名的飛行表演

1

家史密斯（Art Smith）才加演台灣場，並開啟了台灣第一位飛行員謝文達的飛行夢。跟現在一樣，這類表演賽都要收費，看飛行，要一圓，票價約同於看五場電影；看美國人打棒球，更加昂貴，要價五圓。不過，在沒有電視電腦的娛樂貧瘠年代，願意花錢看球的，大有人在。當時台北市區加松山內湖士林等地，不過二十幾萬人而已，第一場卻能吸來五千名觀眾。

第一場在台北北門外舉行，那邊靠淡水河有鐵道部的運動場。美國球員果然強壯，早上才到台灣，下午一點半已經進場熱身了。兩點開打，戰況完全傾斜，沒有一絲勢均力敵，第一場美軍就以二十六比零，把台灣隊打得落花流水，僅僅一個姓福永的日本球員擊出一支安打，登上一壘而已。

反正是表演賽，台北的第二場，乾脆把台美兩隊的battery（投手和捕手）對調，拉近實力，

❷九十幾年前，美國職棒第一次到日本，圖為和早稻田大學棒球隊對陣。

增加可看性，果然比數差距縮小為八比七。

以今天的眼光來看，當年來台的球隊主要由小聯盟3A成員組成，有大聯盟經驗的只有兩人，而且紅襪出身的杭特（Herb Hunter），也沒在台灣的出賽名單。比之現在，遜色許多。然而，對九十年前的台灣球迷來說，已彌足珍貴，因為，即使是美國職棒的二軍，實力也遠在台灣之上。美國職棒隊在台北、台中、台南共打了七場球，當時就共認，跟美國職棒對壘，不是輸贏的問題，台灣軍一定是輸的，要看的是台灣隊如何奮戰。

當年和美國職棒對壘的台灣隊，號稱台灣軍，卻沒有半個台灣人選手。九十幾年前，台灣棒球運動才剛破曉。一九〇八年曾有這樣的記錄，培育小學師資的總督府國語學校，三百多位台灣籍的住校生，最盛的遊戲就是打棒球。但是要到一九一九年，臺北醫專（台大醫學院前身）的棒球隊名單裡，才首度出現兩位台灣籍球員的蹤影，而且有姓無名，只知姓李和林。可以想見，一九二一年初的美國職棒表演賽，台灣人何以無緣入列。

台灣與美國職棒的初相逢，倒是留下一個喜孜孜的傳說。美國隊球員名單的日譯版，有一個球員叫「ロッス」（羅斯），有

人就開始拿鍋拿鏟烹調想像，猜說非常有可能是史上最有名的「貝比魯斯」。魯斯的日文譯名為「ルース」，英文轉譯日文，有一套邏輯，不可能一再錯譯，登在報上。

而且，在那之前，貝比魯斯又投又打，全壘打刷新保持三十五年的記錄，已經紅極一時，若真到日本和台灣來，報社記者不可能專報甚麼史密斯、杭特，而完全隻字不提這位超級明星。最直接的證據是，當年在橫濱的全團合照，沒有貝比魯斯，他再神也不可能跳過太平洋來台灣。

台灣與美國職棒的因緣，真正有趣的故事應該是一九三四年，貝比魯斯真的到了日本。曾是民進黨總統候選人的彭明敏，當時十一歲，人在東京，根據回憶錄《自由的滋味》所說，那時他已是標準球迷，「大膽地寫了一信」給貝比魯斯，結果，他得到了貝比魯斯的親筆簽名。

有皇室的時代

❶❷裕仁皇太子於一九二三年來台，返日不久即舉行大婚，娶邦彥王之女。

不時會有日本皇室的消息，天皇病了，小愛子內親王在學校被欺侮了。對現代台灣人而言，完全是國際新聞版面傳來的異國風情，但是對早期的台灣人和日治時代的台灣社會來說，不少生活的喜怒哀樂，全掌握在這個遙不可及卻又近在咫尺的「天皇」家族。

最早踏上台灣土地的皇室成員是北白川宮能久親王。一八九五年清廷割讓台灣給日本，台灣掀起抗拒狂潮，以台灣巡撫為首組成臺灣民主國，準備武力抗拒日本接收。日本方面於是派遣近衛師團來台征討。近衛師團長即陸軍中將北白川宮，他也是當時明治天皇的堂弟。五個月後，能久親王在台灣去世，留給台灣一個百年未定的死亡之謎。

對日本來說，北白川宮的死並沒有神秘可言；五月底在三貂角登陸，一路南征到嘉義時，感染了急性瘧疾，發高燒，十月底病逝台南。只不過十一月三日是明治天皇的誕辰，所以秘不發喪，拖到十一月五日才「能久親王薨去發表」而已。但是，台灣人可不覺得這麼單純，有好幾個地方各自流傳著北白川宮的死因，說法一致，直指他非病死，而是死於台灣人的「義軍」之手。但傳言不一致的是，能久親王死在各個傳說者的各個家鄉。

北白川宮死後三十年才出生的名作家鍾肇政曾寫道，他小學

日本時代來台的日本皇族

- 1895　北白川宮能久親王、伏見宮貞愛親王
- 1901　北白川宮能久妃
- 1908　閑院宮載仁親王
- 1910　北白川宮輝久王
- 1916　閑院宮載仁夫婦
- 1917　北白川宮成久親王夫婦
- 1920　久邇宮邦彥王夫婦（今明仁天皇的外祖父母）
- 1923　東宮皇太子、伏見宮博義親王（博恭王之子，貞愛親王之孫，德川慶喜外孫）
- 1925　秩父宮雍仁親王
- 1926　高松宮宣仁親王、北白川宮能久妃
- 1927　朝香宮鳩彥王
- 1928　久邇宮朝融王（邦彥王長子，今明仁天皇舅舅）、久邇宮邦彥王、高松宮宣仁親王
- 1934　賀陽宮恆憲王、梨本宮守正王
- 1935　李王李垠、久邇宮朝融王、朝香宮正彥王、伏見宮博英王

❸北一女學生低頭唱著歡迎歌，久邇宮邦彥王夫婦在高高的二樓聆賞。

❹一九一七年台北第三高女校門前，古典的馬車載來不同平常的帝王人家。

時，老師教過，能久親王是「在渡濁水溪時，被『土匪』（按指台灣反抗軍）擊傷的。」台南著名儒紳洪棄生（一八六七年生）在《瀛台偕亡記》一書就記述北白川宮是在濁水溪南岸的雲林被擊重傷。

但是，濁水溪北的彰化，則傳說北白川宮被彰化八卦山砲台的大砲打死。嘉義方面傳得更戲劇化，說是刺客躲在路旁林投樹裡，用採檳榔的長竿鐮刀，畫頸割頭，殺了能久親王。也有人推斷新竹才是日本皇族的傷心地，因為北白川宮的太太兩度到新竹祭拜，他的兒子也在新竹露營紀念碑親手植栽兩棵松樹，情況特殊。

親王死因之謎，是否意味台灣民眾抗日遺緒的延伸，或真有其事，尚待歷史專家查證，不過，其後踏上台灣土地的日本皇族，確實加深部分台灣人的抗日情緒。一九二三年，大正天皇病重，皇太子裕仁攝政，特地到台灣巡視。密密麻麻的行程中，有一站是台中一中。前副總統謝東閔當時十五歲，剛修畢二年級課程。他在回憶錄《歸返》裡說：「裕仁來台，使台灣人第一次感受異族皇室『君臨』的沉重壓迫感，以及各種禁制的無

❺每有皇族來台灣，必定在火車站前建造巨大的「奉迎門」。

❻皇族來台視察行程，現今台北二二八公園的台灣博物館是必訪地點。

理……」，兩年後，謝東閔便潛往「祖國」大陸，脫離異國統治的陰影。

謝東閔還說，為了皇太子訪台，台中一中為訓練學生的歡迎行列整齊畫一，「花了一個多月時間天天操練」。等到四月十九日，皇太子只站在二樓走廊，居高臨下，看著操場的各校師生高聲齊唱日本國歌，「沒有講話，站立一會兒就離開」。

謝東閔還說，官方也規定，皇太子座車車隊經過的路線，沿街商店、住宅都必須緊閉門窗，街道上的行人也全部迴避，不准窺視。還擔心傳染疾病，「事前強制各中等學校師生注射防疫針」。

事實上，皇太子訪台行程間，沾點邊的人都有「責任」不教皇太子染病。前台大醫院、醫學院院長魏火曜的太太顏碧霞出身煤礦富族基隆顏家，她的伯父顏雲年開創「臺陽鑛業」株式會社，伯父和她的父親都曾任台灣總督府評議員。她在中研院近史所訪問錄中曾說，皇太子「預定住田寮港我們家，所以公司和我們家的人都要驗尿、驗便」，不過，忙了一大頓，皇太子卻「因故沒有來住」。

台北歡迎裕仁皇太子最勞師動眾者莫過於兩萬五千人的提燈行列。萬人井然有序的包圍住今天總統府前、原國民黨黨部兩側仁愛路和信義路和台大醫院一帶，歌聲震盪整個台北城內。前台灣文獻會主委林衡道當時剛上小學三年級，就在提燈的隊伍裡。他說，攝政宮裕仁等於天皇，所以大家提燈。兩年後裕仁的弟弟秩父宮來台遊歷，歡迎方式不一樣，他們「只有拿紙做的國旗在火車站附近列隊歡迎而已」。

日本皇族貴戚來台遊歷的人數不少，蜻蜓點水式的旅遊，昭和天皇的弟弟秩父宮似乎比較觀察細微。據日本官方編的《秩父宮殿下奉迎之記》記載，二十三歲的親王曾經看出台灣島上的福佬人和客家人的穿著不大一樣。他也問台南州知事（即今縣市長），台灣高山會下雪，高山族的衣物看起來並不足以禦寒，他們又都赤腳，下雪時怎麼辦？他們不冷嗎？州知事回答，高山族以燒火取暖，而他

❼ 昭和天皇六歲的長女照宮成子內親王穿著傳統禮服盛裝拍照，彷彿洋娃娃。

們腳底的皮很厚，不覺得冷。

除了皇室成員來台，另一方面，也有少數台灣人到日本與皇室接觸。一九二六年，大正天皇駕崩，台灣有三人受邀，總督府評議員藍高川是其中一位。他的女兒藍敏在中研院近史所訪問錄裡說，她父親經常要參加東京皇宮宴會，有必要瞭解日本上層階級的禮儀，所以娶了一位日本小太太，「以資學禮」。每次行前一個月，家裡人就要開始打理行裝，到最後行李「至少有十二到十五個大皮箱」。藍敏還說，她父親常提起到京都參加大正天皇喪禮時的糗事。那天雪下不停，一站四、五個小時，尿急卻不敢走動，「愈急愈冷，愈冷愈急，不知如何是好」。

不論日本皇室留給台灣的是迷幻、無理、不堪或逸趣，除了戰爭與政治這種重顏色的回憶之外，日本皇室在台灣人的回憶裡，也有些明亮天真的色調。就像我媽媽，外公因擔任保正而獲贈一張昭和天皇的全家照，戰後心裡恐懼，怕因此招禍，丟了那張照片；但對媽媽來說，戰爭結束那一年，她才七歲，她只記得照片上「天皇的囝仔攏生真水（小孩都長得很漂亮）」。

為什麼「打」電話是「卡」電話？

我常走過新生南路。不是台大那一頭，而是仁愛路口這一段。那裡有一家摩托車修理店，第一眼望進去，跟任何一家店一樣，零零亂亂的設備和材料，讓人無法定睛。多走幾次，眼睛已經世故，會自動跳過前頭的亂七八糟，看到店深處，有一面高掛不動的大匾額。還算新鮮的金色字，不像老匾。上頭刻著「造福輪界」。

每次走過，看到摩托車店裡「輪界」兩字，就不禁驚嘆，這個詞彙竟然還留在台灣，留在店家的某個角落。

清末，馬偕醫生帶了腳踏車來台灣，一八九五年，日本開始統治台灣，腳踏車還非常稀少，十指張開，即可數完。過不了

❶台灣的超商廣告海報，不只「xx祭」的用法，襲自日本，連平假名都直接登用上去，也不覺怪異。

幾年，開始有日本人開店專賣腳踏車，這一行，他們自稱「輪界」。一九一〇年代初期，腳踏車商跨足進口摩托車，摩托車跟著合屬「輪界」的一員。日本時代的輪界，車商的店名常有「輪」字，像台灣最早的一家腳踏車店就叫「魁輪社」；三〇年代，今天台北市博愛路這邊，有個台灣人王初生開了很時髦的店在賣摩托車，店名就叫「進輪」。

物換星移，現代人已不知道何謂「輪界」了。網路的搜尋引擎裡，這個詞彙也幾近死亡了。

走在新生南路，我常想不定主意；瀕臨絕種的動物，要搶救要復育，「輪界」這朵長在角落的小花，也要保護嗎？

比較起來，有好一些日文詞彙命運就不同了。在台灣人嘴裡，有許多福佬話借用了日文的漢字詞彙，再直接以台語發音，像「見本」（樣本）、「口座」（存摺帳戶）、「古物商」（舊貨回收商）、「便所」（廁所）、「病院」（醫院）、「注射」（打針）、「手術」（開刀）、「注文」（訂購）、「寄附」（捐贈）、「爆擊」（轟炸）、「肥料」、「消防組」和「洗面台」等等。啤酒唸成「麥仔酒」，也應是早期日語稱啤酒為「麥酒」的緣故。

還有一類福佬話是隨日語發音，沒有對應的中文，有音而無字，像名片唸做「mei-si」，摩托車講成「o-do-bai」。小時候，制服都是白衣藍裙，媽媽總是說裙子的顏色是「kon」色，長大學了日文，才發現原來深藍色的日文寫做「紺色」，「紺」就讀做「kon」。

又例如打電話這個動作，日文寫成「掛ける」，「掛」的發音近似「卡」，福佬語的打電話，就講成「卡」電話，都是借音不借字。另外，可曾想過，為什麼是「一通」電話？而不說成「一發」或「一撥」電話？

二十世紀開始，大量新科技文明事物隨著日本政府和日本人湧入台灣，電話即於一九〇〇、日治第六年開始開放民間申請。既是新事物，又於日本時代傳來，名稱便隨日本人用法，「電話」因而變成福佬話的語彙。電話「一通」也從日文轉來，戰前的中文報紙已經很習慣使用「一通」。

一九三三年，台南的妓院「金鶯園」發生妓女愛珍被絞死在公園的情事，一開始，嫌犯鎖定澎湖來的船員，警方嚴密搜索出

❷ 市面的零食，隨意翻看包裝，常見的「八包入」、「五入」，也是日本包裝的標示法。

入安平港的船隻，但無所獲。報紙接著說，「忽有可疑電話一通」，話筒傳來「台南公園。有殺人事件」，馬上就掛斷了。警方發現電話從高雄堀江町五丁目某家商店3130號打出來的，立即視為重要線索，要高雄警方支援調查。

大家再熟不過的「坪」，更本土化了，幾乎感覺不到一絲日本味道。坪是日本傳統計算面積的單位，戰前台灣已經用坪來買賣房屋了。一九三六年，台北市和平東路二段國立台北教育大學前有一批土地要賣，報紙廣告寫著斗大的「勿驚!!坪五円半より七円迄」，意指一坪的價格從五圓半到七圓不等。

日本戰敗，日本官民全部遣返，留下來的痕跡，建築物明而易見，語言則隱而不顯，如偷偷留下來的孩童，隱姓改名，久了，幾乎被當成台灣人，其實，它們原是流著日本的血液。

日本時代，強勢文化鋪天蓋地，以日本語言學習新生事物，不難理解，但為什麼沒了殖民者，台灣人仍不斷在抄用日語，「人氣」、「年金」、「宅女」、「宅配」，用得那麼自然，辦活動就要名為「××祭」？值得好好研究一下，以瞭解台灣人個性裡的某個切面。

台灣文化的基因

香港《信報》幾年前有一個半版的大文章，談茶藝，香港茶道協會會長葉榮枝說，未來十年兩岸三地的茶藝文化，台灣「雖未必一定處於領導的地位，但至少也會是走在前面的。」三個原因的第一個是「台灣在日治時代受到日本人的影響，有細緻文化深度的基礎。」

不知道葉榮枝會長如何得到這個結論，但他說得如此自然，令我驚嘆不已。同樣的話，在台灣要公開說，即非難以啟齒，也是欲言又止。

在台灣，凡談到日本時代，對於她若隱若現遺留的文化，依主流態度和政治正確，總是不該有好話。對留下來的古蹟，可以

❶❷❸❹日本時代，小學生中低年級開始，學校就有許多生活教養的教育。教小孩子多人同行，要注意不可阻擋後面的人；購票窗口前，要排隊；公車上不可嬉戲，妨礙別人；家人吃飯，開動和完了，都應該說一些禮貌的話。

說中山堂和台大醫院多精緻漂亮，但最好再加一句，「顯示其殖民心態」，才比較安全。對那個時代留下的台灣人，既是效忠過天皇的「皇民」，能如何好好形容呢。

看完《信報》，我開始回憶採訪過的八、九十歲歐吉桑、歐巴桑。他們不會自我標榜細緻，他們會說，「我們老一輩的人碰到面，不時在講，我們的教育跟下一代最大不同是有修身課。」修身課類似戰後的倫理與道德課，教忠教孝，大同小異，但像是不要給人「迷惑」這種教誨，就有濃濃的日本味。

「迷惑」日文意指「困擾」，不要造成別人迷惑的意識，深藏在日本人血液裡。一直到現在，日本幼童初次去公園還是大事，宛如初次登台，不是跑進去玩就是了。媽媽要眼尖心明，看好公園裡哪一個小圈圈的媽媽小孩，穿著、食物、用具種種適合自己的水準。若貿然結識，彼此有高低差異，日後一起做甚麼，要互相顧慮，那就造成別人的「迷惑」了。

日本時代的修身課就教這種細微的心思。課本會說，為了彼此幸福活著，不能不盡可能不要做給人困擾的事；折樹枝、隨便亂碰圖書館和博物館的東西，會帶給別人困擾；買火車票、出入

3

4

剪票口、上下車的時候，不按次序不好，都是粗心或任性，給人困擾的行為。

老人家還常提一個日文漢字「躾」，唸音類似「細姿K」，「生活教養」的意思。日本人是在家庭落實養成「躾」。到了台灣，就成了學校教育的一部分。受過日本教育的老前輩說，日本老師常教衣食坐臥要有「躾」。那一代人若再受中學以上的教育，他們聽古典音樂，也看翻譯文學；頭髮總是梳理整齊，衣服簡素大方，整體有一種乾淨的美感；講話時，低聲慢語，誠懇注視對方，微微的欠身點頭，有一種自然的謙退氣質。

我在採訪時，偶爾遇見九十幾歲的父親和六、七十歲的兒子，單從衣著的嚴肅，眼神的專注，就可以覺察出兩代氣質的差異，那也是不同文化系統的教育所培養出的不同內在。

中國旅美作家沈寧前幾年寫了來台北六日的感想，他讚嘆台北的秩序、和氣與自然，讀來令人欣慰，但他說，「我相信，這是台北全民崇尚推廣文明五十年的成果。」卻讓我為活過日本時代的台灣長輩懷抱委屈。不能怪沈寧，這個社會曾經長久存心視而不見，意以「殖民」兩字，一筆蓋掉那個時代龐雜的內涵。

一九四五年，國民政府接收台灣，前頭幾年，對於前朝，大家還很中性客觀描述為「日治時代」或「日領時代」，等一九四九年大敗退，台灣省新聞處印製的《旅台須知》就「甚盼」來台各省軍民，要改稱「日本竊據時代」。這個小小記錄，可以一窺，前代台灣人身上自然有的日本文化，如何被不自然扭轉，並打入不見天的地牢。

事實上，文化無法一筆抹掉，她以一種基因性的型態存在與傳承。我們必須肯認原住民、中國和日本文化共給了台灣滋養，然後，才能真正瞭解自己是誰，才能理出台灣文化未來的路該怎麼走。

迂迴上海路

二〇一〇年六月中旬，台北松山機場開始直航上海虹橋機場，刷新了台灣人前往上海的方式。

從十九世紀到日本時代結束，台灣和上海之間的通道全由水路。

據一九〇五年報紙記載，一八八五年，也就是劉銘傳出任台灣巡撫那年，清廷在台政府派人到德國買了兩艘船，「開通上海台灣航路」。有了路，接觸跟著就來了；上海的《申報》隨即派遣一位通信員，長駐台北賣報。衙門的官員因此有中文報紙可看，瞭解中外情形。

到了日治時期，松山機場於一九三〇年代雖然已有民航機起

❶ 一九三〇年代初期，日本軍事力量侵入上海，和中國軍隊交戰。

降，但只飛沖繩和福岡，台灣人到上海，還是唯搭船一途。日本時代最早開往上海的定期輪叫「撫順丸」，一九一一年四月五日首航。出發地點非一般熟悉的基隆港，而是打狗（高雄）碼頭。台灣南部產糖，撫順丸首航載的貨，五百包龍眼肉之外，就統統是糖，一萬五千多擔幾乎全在上海卸下，只有少少的兩百七十擔配送漢口，可見有船從打狗到上海，無疑打通台糖輪往上海的一條大路。

❷ 各國入駐上海，形成租界，引進現代化建設，帶動工商繁榮，讓上海在戰前就是世界大都市。

❸ 三〇年代，上海人民飽受戰亂之苦，幾次大規模倉皇避難。

一九一〇年代之後，台灣人到上海，可搭各種大小輪船，但多非直航。常常都是先到福州，再往北停靠上海，最後到大連，才走完整個航程。這條航路屬北中國線，跟到廈門，南轉汕頭、廣州的南中國線不同，兩者不相重疊，各走各的。一九三一年，中華民國在日本帝國的台北設總領事館，第一任總領事林紹楠從上海搭船來台履新，就是先經福州，再到基隆。

幾年前，我訪問了松山的老醫生余錫乾，他年輕時，在滿洲唸醫科大學，也在那裡開醫院。一九四二年，經人媒妁，余太太要去長春與他成婚，也是搭福州、上海到大連這一輪船航線。

那時正值戰爭，前往上海的航路增添了許多恐怖氣壓。余太太出發前，老丈人的朋友、三陽工業創辦人黃繼俊送她哨子、紅布和人蔘等三樣東西。余老醫師說，黃繼俊過橋都會拿拐杖敲一敲，個性穩重小心，所以，三件禮物送得各有其道理；萬一不幸發生船難而落海，哨子可以求救，紅布可以嚇走鯊魚，口含人蔘則能保存體力，等待救援。

日本時代，也有許多人不像余太太那樣走法到上海。當時制度很詭怪，從日本到中國，不需簽證或護照，到了中國，行動也

2

3

❹日本時代最早開往上海的定期輪，
一九一一年四月五日由高雄出航。

很自由。但是從台灣到中國，就需申請「渡支旅行券」，到了中國，那邊的日本領事館且看得很緊。於是，一九二五年，前副總統謝東閔中學未畢業，想回「祖國升學」，決定到中國第一大城市看看，他是先搭往日本的船，抵九州門司港，上岸轉乘火車到長崎，再從長崎搭客輪直達上海。一九二三年，台灣共產黨奇女子謝雪紅也是這樣迂迴一圈，才到了上海。

捨近求遠，只為換得自由空氣，這樣一條台灣人走出來的「上海路」，毋寧是殖民時代的特殊產物。

學生生活

中學考卷在監獄印的

每年天氣轉熱，如臥烤盤的考季也一步一步迫近了。

現在的台灣，十五歲考高中，十八歲考大學，日本時代，十三歲小學畢業就面臨升學考了。那時候，小學畢業後考的也是中學，但在學五年，不分割階段，不像現在分成國中三年、高中又三年。中學畢業，若要更上層樓，可以考台北醫專（台大醫學院前身）或台南高工（成功大學前身），也

❶ 監獄雖有高牆，但貪心歪念仍可以鑽出許多縫隙來。

❷ 日本時代，受刑人也會做許多工藝品、家俱出售。圖為新竹少年監獄的製品。

可以在中學四年級時轉考台北高等學校，準備上台北帝國大學。

以前的入學考試跟現在有許多不同，像是考試時間都在學期末的三月下旬；成績不叫幾分，稱幾「點」，台北醫專共考英數理化等五科，總分就是「五百點」；又例如，各校個別招考，部分地方才有「州內」（類似縣市內）學校一起的聯考。

最有趣的差別，現在的大學學測、高中基測，設有密不透風的闈場，十幾台高速印刷機放進去，再把出題老師和機器維修師傅都關進去，從出題到印考卷，闈場內一貫作業。日本時代各校的試卷卻是在監獄印的。

以前的監獄也做生意，除了承包印刷，受刑人製瓦、編草鞋、縫洋服、做籐椅，都可以變商品。如此監獄，四面高牆，雖有闈場的封閉性，對外營業，卻給了歹徒鑽洞的縫隙。

彰化和美一個姓李的人，原來當警察，不知犯了何罪，被關進台中監獄，獄中就做印刷的勞役。他先是跟外頭串通好，隨便以一個人的名義，跟監獄訂十本信紙，偷偷夾帶師範學校考卷出去，但考期太近，找不到買主，功虧一簣。不過，有了成功盜取考卷的經驗，一九三八年，故技重施，李前警員改以大甲某醫生的名義，跟監獄訂製藥袋，再把中學入學考卷放在藥袋內偷出去，下游並有十幾個人在各地兜售。一直到考試第二天，警方得到風聲，展開調查，一個多月後，案情明朗，才對外公開。報紙指此教育界的「不祥事件」，「全國未曾有」。

三年後，有人玩更大了。這次是高雄旗山三十二歲的林姓男子，組了一個陣容完整的「醫學院保證班」，串通台北監獄印刷單位的三個受刑人和一個監獄職員，偷出台北帝大醫學部的考卷，還請來一位醫學博士的弟弟作答，成功釣上台北、新竹和台中的十二位考生及家長，一人收兩千圓酬勞。兩千圓大約是一般公務員四年的薪水，考生家長願意賭下重金，正因考上醫科，等於買到台灣最高收入職業的門票，他日獲利將是千百倍。所幸本案在考前偵破，沒有不光榮上榜的考生。

試務的環節繁瑣，不免要出紕漏，日本時代也一樣，不缺發生烏龍。一九三四年，台南一中的招生入學考訂三月二十七和

4

❸一九二五年，臺北商業學校（今位於濟南路的臺北商業技術學院前身）招生放榜的情景。

❹從新聞照片看，一九二八年，北一女的入學考試不在一般教室舉行，跟現在很不一樣。

二十八日舉行，二十四日早晨，試卷原稿送交台南監獄。日文科的出題老師也準備去監獄校對，結果路上弄丟了，學校和警察怎麼幫忙找，也找不到。雖然原稿上沒寫是入學考試的考題，但是，稿紙有南一中的標誌，渡邊校長考慮後，仍決定緊急換題。

隔年，換台北出狀況。台北第二高女（校舍即今立法院）入學考，數學總共六題，第一題計算題，其他五題應用題。第一題本來應該最單純的，卻因加號誤植為減號，不得了，答案變成負八，問題是小學六年級畢業的數學程度，還沒有負數的概念。於是，四百多個小考生各個眉頭深鎖，考試規則又不准發問，急死大家。據說，終於有個考生勇敢發問，監考老師才發現出了問題。報紙給了很嚴重的標題，抨擊是「臺灣教育界空前の重大失態」。

跟現在一樣，家長護女心切，指責題目出錯，小孩子卡在第一題，心情大受打擊，拖延了時間，影響之後應用題的作答。有家長就揚言，若女兒落榜，就要要求重考。

事後沒有後續追蹤報導，應該順利放榜了。

日本時代，放榜方式也有點不同。各校貼出榜單之前，往往

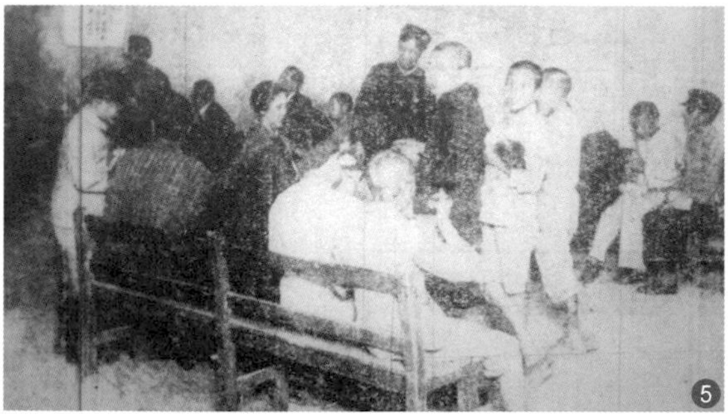

❺一九三二年的考場外，跟今天一樣，總有愛子心切的家長相陪。
❻等待入場前，師長還在做最後的叮嚀，考生搔著額頭，露出些許壓力。

前一夜，廣播已經把上榜考生的名字唱到空中去了。

放了榜，一定有人捶胸，有人歡呼，以前和今天沒有兩樣。不過，這個時刻，我們習慣說「幾家歡樂幾家愁」，以前，大家會感慨，放榜真是一齣「悲喜劇」啊！

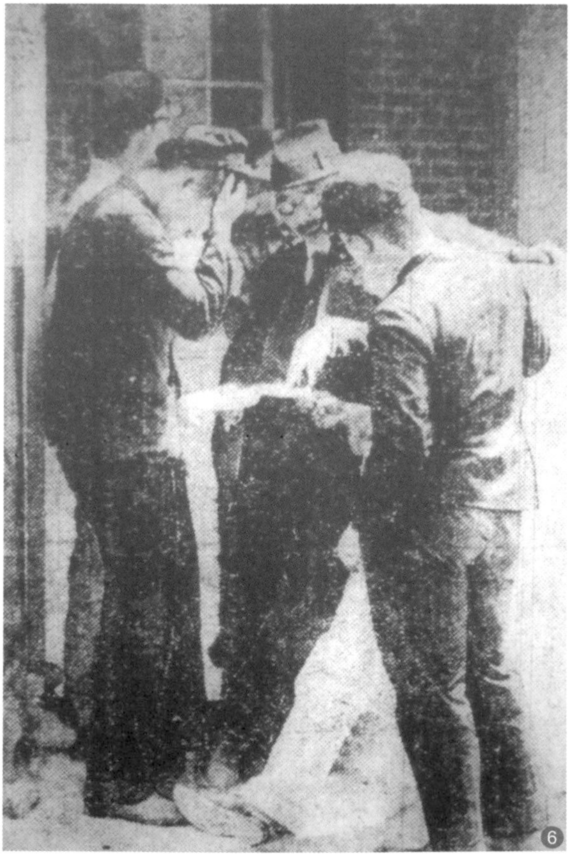

吃飽就要走路

爸爸今年七十七歲，對他自己小時候有個印象，「甲飽叨行」，吃飽了就要走路。遇到高溫地熱，赤腳走路難受，還邊走邊跳，踩路旁雜草，取一點暫時的涼快。

我自己小時候，走五分鐘到學校之外，幫媽媽去菜市場，騎腳踏車，要去市區買新衣服，搭公車，無疑，爸爸的走路童年，給了我一幅很超現實的時代畫。

後來發現，那真是前後世代天差地別的移動型態，在台灣人的回憶裡，到處可見走路的橋段。

日本時代任過報社記者的黃旺成說，他家鄉新竹的農民都是肩扛扁擔，挑著雞鴨，一路走到台北。新竹到台北有一百多公里，一天走不到，中途就在中壢過一個晚上，醒來繼續努力走。

為了生意，九十年前、八十年前的人，努力的走，不得不的走。為了唸書，也是一樣。文學家巫永福的哥哥巫永昌，一九一九年要從家鄉埔里到台中就讀台中一中，由埔里到草屯這段路，就用走的。到了草屯，才改搭糖廠小火車到台中，如此耗掉「足足一整天」的時間。

第一位醫學博士杜聰明在淡水唸小學五年級的時候，到新竹校外教學，去時搭火車，返程也是從新竹走回淡水。杜聰明又說，公學校畢業準備考試期間，小竹老師生病住院，他和一位同學帶「一籠蜜柑」，從淡水走到今天的台大醫院。兩件「驚人」的走路記事，杜博士卻都沒有特別著墨甚麼，似乎走路是很普通、很平常的事。

等杜聰明的女兒唸台北第一高女的三〇年代，學生仍然走很多路。杜家長女杜淑純在回憶錄上說，當時北一女規定，以學校為圓心，住家在半徑三公里內的學生，不准搭公車上學，只能走路，以鍛鍊體魄。

男學生的規範更嚴格。一位歐吉桑告訴我，日本時代，他讀

❶戰前的台灣社會，走路可稱為主要的交通工具。

台北工業學校（今台北科技大學），學校規定離校六公里以上才能搭公車，他家在民權西路這邊的大橋頭，兩邊距離剛好六公里，只得天天走路上學。

台北有名的私校延平中學，創校校長朱昭陽一九一七年進入國語學校，也就是今天中正紀念堂旁的台北教育大學就讀。學校規定一律住校，每天午後三點半到五點可以自由外出，星期日則

放長到早上八點至傍晚五點。因為思鄉，星期天一到，朱昭陽就往老家板橋跑。如果換成今天，他只需鑽進中正紀念堂站，一站到西門，轉搭板南線，不到二十分鐘，就回板橋了。但那時候，他都靠兩條腿，走兩個小時抵達板橋，因而幾乎走到家，跟家人吃一頓飯，「停一會兒」，又要趕兩小時的路回學校了。

老實說，台北走到板橋才兩個小時，我因無概念而有點驚訝。走路早是弱勢的交通工具，可能很多人跟我一樣，既看輕腳程，也對走路的速度失去感覺力。步行一、兩個鐘頭，乃至五、六個小時，聽來彷彿已成現代版的天方夜譚。而其實，我們台灣人曾經很會走，只是近百年來，一心追求交通的快速和舒適便利，幾乎忘記自己雙腿的能耐而已。

走路雖慢，卻不落伍。一些舊時生活的習慣和方式，雖然多一點麻煩，多一點運動，卻也是對環境多一點溫柔，多降低一點負擔。全面性返璞歸真，過著原始的生活，已經萬不可能，但回返古典生活的精神，放棄一點生活便利快速的追求，卻是必要。認真想想，因為方便快捷，我們趕趕趕，省下來的許多時間和體力，我們都拿來做甚麼呢？我們有因此而更幸福健康愉快嗎？

過年不能放假

1 一九二八年大年初一，老老少少相攜出來逛街嬉春。

台灣現在的學生，寒假包著農曆過年，假放得不亦樂乎，這可羨煞八、九十歲的老阿公老阿婆。七、八十年前，他們當小學生、中學生的時候，農曆除夕要上課，大年初一也要上課，元宵更沒有例外；整個過年，管你初一十五，都要乖乖坐在教室上數學、唸日文。

一八九五年到一九四五年的日本時代，學制跟現在不一樣。四月初開學鈴響，隔年三月下旬驪歌聲起；一年有三個學期，一到三月是第三學期。舊曆年總在一月或二月報到，一定在學期中，所以，有年似無年，都必須上課。

前輩小說家鍾肇政曾回憶，他從家鄉桃園龍潭到台北就讀淡

2

3

水中學校，住在宿舍，無法回家過年，「想家也就想得更厲害了」。家裡媽媽姐姐能做的，只有把年糕做成籤，曬乾寄到學寮，一解愁緒。

不過，卻有那麼一年，台籍學生終於可以好好過年，不必上課了。原來，一九二九年二月十日大年初一，恰逢星期日，本來就不用上課。難得過年碰上禮拜天，報紙記者發現，兒童休業，三五成群，都跑去逛玩具店了。

另有一次，一九三七年的年初一在二月十一日，剛好是日本第一代天皇神武天皇登基的紀念日「紀元節」，本來就是國定假日，這下不只學校放假，行政機關和民間日本人的會社也休息。搭著紀元節的順風車，台籍學生、台籍公務員、台籍的會社上班族，過了一個屬於自己文化的年。

日本時代，官方施行西曆，台灣社會所謂的「過年」，突然擠進一個新曆新年來。日本面對這個西方洋物，早在明治初年，就廢舊迎新，三十幾年後，日本統治台灣時，日本已經過新曆年過得很自然了。台灣面對日本挾帶而來的洋曆新年，上流的士紳曾經努力仿照著過，也做過一些調和異文化的實驗，譬如一九二

❷❸❹報紙三張新聞照片，分別是一〇、二〇和三〇年代台灣人過舊曆年的熱鬧光景，也可看出服裝的遞變。

❺一幅尋常巷弄中的溫馨畫面。春聯上，右寫「吉祥星聯福壽」，左寫「富貴竹報平安」，勾勒出過年的氛圍。

4

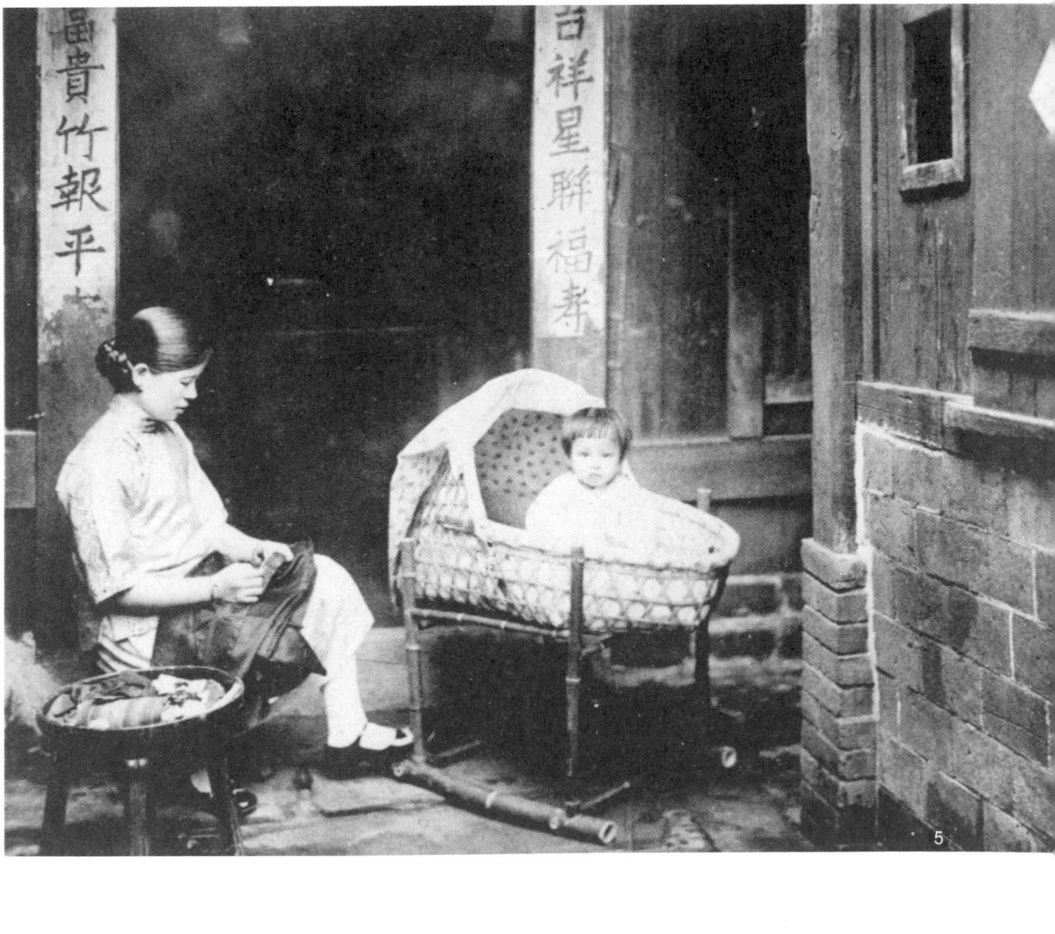

5

〇年十二月底，宜蘭頭圍地方要人鼓吹之下，民家就開始炊甜粿、換貼門聯，三十一日夜晚還祭祖、圍爐、發壓歲錢。

又譬如一九〇六年的舊曆大年初一，那一天原本應該外出「行春」，到廟裡拜拜，去長輩親友家串門子道恭喜，台南一百五十幾位紳商卻齊聚台南俱樂部，學日本人的新年風俗，舉行「名刺交換會」，一起高呼萬歲，會後再去酒家歡宴。交換會類似今天的「團拜」，可以省去給人拜年，又受人回拜的麻煩。

新來舊去，萬事原理如此，但台灣的舊曆年受迫轉為「非主流正確」，在民間卻仍活躍，受到熱烈的支持。

拿一九二八年來說，舊曆年關將近，台灣人的店頭生意特別興隆，算盤撥聲更加輕脆快速，全年的帳也在此時結算，錢進錢出，銀行跑得兇。可是那一年跟二〇一二年一樣，除夕碰上星期天，當時，大小銀行破例，特別開了大門營業。

即使到了戰火瀰漫的一九四四年，台灣人依舊在過農曆年。大年初一早晨，霧峰林家豪門的老爺林獻堂叫孫子去上學一小時就好，十點一到，孫子果然乖乖聽話回家了，林獻堂就帶著孫子做他每年初一必做的事，去拜了祖母的墓。

甚麼時候放暑假？

開學了，長長的暑假終於過去。

台灣現代模樣的官立學校，十九世紀末，新統治者日本在台開辦，暑假也隨之開始。當時，與其說是學生需要休息，不如說是老師溽暑要休假，無法上課，才有暑假。

日本從明治初期以來，官員就有「暑中休暇」，每年七月十一日到九月十日，每天只上半天班。一九一〇年代的大正時期，才略為縮短，七月的半天制被廢止。日本政府七月十一日開始的暑假慣例，傳來台灣，以總督府專門培養小學老師的「國語學校」為例，一八九九年的暑假就從七月十一日放到八月三十一日。

日本時代五十年各時期，暑假的起迄時間不完全一樣。一九一〇年代，也就是中國剛歷經武昌革命和民初五四運動的同期，台灣的暑假又改成七月一日開始，八月二十日結束，隔天開學。不過，各級學校仍然不全然一致，一九二五年，總督府終於統一暑假的時間，一律定為七月十一日到八月三十一日。

日治時代各期的暑假，起始與結束的時間互相不同，但暑假長短差不多都是五十一或五十二天，當時習慣說成暑假有五十天。跟現在比起來，大約少個十來天。不過，有個大例外。台北帝大（今台灣大學）一九二八年四月開校，七月迎向第一個暑假，從七月一日到八月三十一日，足足放了兩個月。

放暑假了，以前的學生都做甚麼？以前交通不便，學校不普遍，中學生常常離家住校，一放假，就要返鄉歸省。日本學生要搭船回家鄉，大大小小的藤編柳編的行李箱攤在宿舍，而百年前的台籍學生則偏愛買圓圓的日本團扇，當回鄉的伴手禮。

也有學生一時回不了家。一九三一年，台北三高女（今中山女高）有一百一十人「成績不甚佳」，學校為她們開兩週的加強班，上日語、英語和數學，類似現在的暑期輔導，以「防止落

❶受過日本時代教育的小學生，最不同於現今的是他們經歷過真實的戰爭。圖為台北市大橋國民學校到總督府前揮旗，慶祝日本開始讓台灣人可以志願當兵參戰。

❷❸❹跟現在的中學不同，日本時代的中學生很多人住校，宿舍稱為「學寮」。圖為一九三九年畢業的台南第二高女學生的學寮生活，大家一起吃飯、一起晚自習、一起洗衣服。

第」。

小學生也沒有比較輕鬆，有時一週要去學校兩、三天，有時複習課業，有時上運動課，加強體能。日本時代返校的次數遠比現在的一次多得多，以一九三八年的台中師範學校附屬公學校為例，返校五次，平均十天就要回學校一次。

現在放暑假前，中小學生都會收到學校發下來的注意事項，日本時代的師長一樣不厭嘮叨。台中師範學校附屬公學校，一九三八年就洋洋灑灑二十條，訓誡學生利用假中每天涼爽的時間，維持唸書的習慣，一、二年級每天半小時，中年級一個小時，五、六年級則要兩個鐘頭。比較特別是要求外出時，一定要戴學校的帽子、穿學校的制服。關於身體健康，叮嚀也很多。早上要刷牙洗臉，還要用冷水擦拭。三餐之外再買零食，要有所節制。冰、冰棒、西瓜和甜瓜不要吃太多。台北市的太平公學校，則有要求不能賭博、放鞭炮，還有外人很容易看到的地方，不能裸體，晚上睡覺，也不能光著身體，免得風邪入侵。

暑假做作業這件事，一九一〇年代末期，已見於台北。台北、基隆和宜蘭地區的小學，注重成績，據新聞報導，「各科目

編定課題。使學生練習」、「每日指定復習科目。令學生具寫答案」，然後每週要求回校檢查。

日本時代的學生，則有現在沒有的戰時暑假經驗。除了許多「奉仕」（對國家社會和他人的效勞）勞動，家父今年七十七歲，記得小學四、五年級的暑假，都要央求祖母摘青草，甚麼都好，交給老師。爸爸說，這是必交的功課，祖母都幫他採四米草，因當時藥品非常缺乏，學校收集後，會再轉給軍隊煉藥。所以，整個暑假，他常常在跑學校。

懷念的日本「先生」

日本三一一大地震，震出台灣人的心底，對日本別有的感情；不同於台灣之於任何國家，也不同於任何國家之於日本。為什麼台灣人那麼喜歡日本和日本人？大家都有這樣的疑惑。我並沒有脫口而出的答案，不過，老一輩台灣人的回憶裡，普遍有一個他們稱為「日本先生」的美好身影。「日本」兩字用福佬話講，「先生」就依日語唸，音近「sen-say」，「老師」的意思。

醫學博士楊孔昭在回憶錄說，唸台南二中時，他愛畫畫，中村老師會送他「外面買不到的畫圖用品」，鼓勵他，可惜老師因病早逝，但「現在眼睛閉合起來」，仍會浮出那「慈祥的」身

❶很多唸過日治小學的台灣人，對日籍老師的溫柔和認真深懷感謝。

1

影。

送東西還是小事，日本老師免費幫學生補習，非常普遍，台灣文學前輩葉石濤的安藤老師就是這樣，把台籍的子弟，「當做自己的孩子」，下課後還補習到五、六點，不取分文。

葉母過意不去，過年時，買了一大箱香腸，要葉石濤拿去送給安藤老師。師母有意收下，老師在屋內聽見，卻走出來罵人，很生氣把那箱香腸丟出去。葉石濤跟老師解釋是母親的謝意，安藤老師說：「幫你們補習，是我應該做的事，請你把香腸帶回去。」葉石濤自己戰後也成為國小教師，回憶起這樣的日本先生，他甚至用了「偉大」兩個字。

再說前台南市長辛文炳，小學五、六年級的渡邊老師，特別在外租房子，給準備升學的十四位同學補習，每天晚上六點到九點，不收任何補習費，如此不懈，最後十四位同學全考上第一志願台南州立二中。辛文炳感念師恩，即使戰爭結束，渡邊老師回日本，他到日本總會去探

❷ 日本時代，很多小學老師會為六年級學生免費補習，讓學生可以考取中學，更上層樓。
❸ 台北二中的校長河瀨半四郎（左四）面容威嚴，台灣學生卻很懷念，認為他平等看待台籍生，曾經拒絕關說，硬讓台北州知事的兒子留級。

望老師。辛家兒子結婚，仍特別請老師來台南觀禮，此時距離辛文炳的小學六年級，已經超過四十年了。

寫著《新英文法》知名的柯旗化，與高雄中學的高田老師也維持半世紀以上的深情，除了招待老師來台旅遊，老師病逝兩天即舉行告別式，他無法趕去大阪，事後仍帶著烏魚子，奉於高田老師的靈前，並到墓前祭拜。

十九世紀末，日本開始在台灣開辦新式學校，一般台灣家長並不瞭解教育的重要，或迫於貧窮，無法讓孩子就學，於是日本老師負起了遊說勸學的工作。前統一企業董事長吳修齊一九二六年小學畢業，末永猛校長「再三」到家裡拜訪，勸他的父親讓吳修齊繼續升學。

前台中縣議長楊丁也一樣，佃農父親擔憂付不起學雜費，小學畢業，就不讓他再唸書，川村老師「因此到我家十幾次」，楊家爸爸才改變心意，也改變了楊丁的一生。

前台灣省建設廳長、台肥董事長朱江淮也說，他的父親是家鄉大甲公學校的老師，父親有位日籍同事志賀哲太郎，對勸學之事特別熱心，常常自己戴著斗笠挨家挨戶跑，令他的父親非常佩

服。志賀老師也提供清寒學生文具，補助他們學費，學生生病，也會去家裡慰問，當地人稱志賀老師「大甲的聖人」。

當然，討厭的日本老師也有，但整體來說，日本老師印象，美好居多。就好像日本時代一樣有許多偷盜犯罪，警察的籐條又是橫暴揮舞，但治安很好的印象，卻是一面倒地烙印在台灣人的記憶裡。

日本時代，各階層的台灣民眾都會接觸到各色日本人，禮貌往來有之，但能深入彼此生活圈的並不多。能發生感情的，日本老師屬最大宗了。

林務局退休官員陳繁首出身屏東，他的回憶裡，戰爭結束，日本人等待遣返的期間，同學們還去幫日本老師種菜。宜蘭名醫陳五福趁著早坂教授有家庭禮拜時去拜訪，他目睹教授親自拿拖鞋給客人，並親自整理客人的鞋子，他在回憶錄寫下「其體貼、親切及細膩的心思，令人感動」的句子。

讀著這些回憶文字，我不得不揣測，或許，日本老師正是台灣人喜歡日本的感情源頭。

第一次的同學會

兩、三年前，我的一本新書剛印好，我跑到出版公司樓上會議室，迎接第一批熱騰騰的書。一會兒，主編小姐來說，另一位作者剛好也到公司，宣稱是我的高中同班同學，要上樓來相認敘舊。我一聽名字，完全沒有同窗印象，對自己的記憶力卻也沒有百分之一百的把握，等她上樓來的幾分鐘，雖是冬天，我心底忍不住在冒汗。

門一開，笑容燦爛，確實一張很熟悉的臉，但是，你哪班，我哪班，比對之後，真的我們不同班。在過去的日子裡，我們究竟曾經在哪裡交會，社團或比賽，當下一時，也考不出來。

應該早開同學會的。

❶ 一九四一年的長榮中學校友會刊。
❷ 戰前留學日本的同窗校友，即使人數寥寥，戰後也熱烈組織同學會。

近幾年，我的母校北一女衍出新傳統，每逢畢業三十年，該屆就舉辦大型重聚，今年，終於輪到我這一屆，終於要辦同學會了。三十年過後，老同學如飛散的蒲公英，大家卻誓言每一枚種子都要找回來。從春天開始，各班就一直為此努力著。

「同學會」這個東西，如果拿到我七十七歲的爸爸面前，他會用福佬話說成「同窗會」，他不習慣用福佬話直接翻唸北京語的「同學會」，因為，日本時代稱同學會為「同窓會」，戰後初期又沿用。

一八九五年，第一所現代式的學校在台北創立，開始採用黑板，也上算術。兩年後，校名一度改稱「國語學校第一附屬學校」（即今士林國小前身），當時，畢業生都是台灣人，也還留著長辮子，人數才累積到十六個人而已，不過，學校一位先生「上野道之助」已經

❸ 一九三六年臺中高等女校的同學會。戰前各校同學會，會長和主要幹部依規定都由校長和師長擔任。

在號召成立同窗會了。台灣第一次的同學會，就在一八九八年一月二十三日舉行，大開宴席，校長老師也都到場。

此後，台灣各地陸續新設小學，同窗會也等比速度創立。以前的人不像我們現代人這般事繁窮忙，他們老同學一個月就聚一次，而且，同學會弄得頗嚴肅，像一百年前，宜蘭公學校一百二十幾位畢業生創立同學會，每年開兩次總會，每月一次例會，不是吃吃喝喝敘舊而已，還勉勵自己努力學習著天文、地理、歷史和日文。

我們現在的同學會都由同學自己聯絡組成，但日本時代前半期，往往校長擔任同學會會長。此事到了二〇年代，民主自由風氣漸開，新一代知識份子勇於挑戰權威，就開始有台灣人的同學會公然要求撤掉日本籍校長。日本當局悲憤交加，認定是忘記母校、侮辱恩師的行為。一九二四年，台南州乾脆下一紙公文，通令各校，同學會的目的在「延長學校教育」，應該由校長和師長主持才行。

過了三年，台灣人色彩很重的

台中一中，才不管它，八月開同學會時，當著下村校長的面，自行無記名投票，選出張聘三（戰後曾任彰化銀行董事長）為新會長。一不做，二不休，還馬上再審議新的同窗會內規。審到第十三條，下村校長氣得宣布同學會解散，隨即帶著一票教職員離席。

日本時代，常在暑假辦同學會，一九二八年，一樣是八月，換新竹第二公學校「發難」。這一次，佐久間校長讓步，同意不當會長，讓同學會回歸以校友為主體，教育當局卻表明不准。台灣校友硬要開，官方回了一招，下令無限期延開，一百多位校友沒在怕，最後同學會照開，還選出自己的會長。

❹一九一二年，北一女舉行第二回的同學會，許多人把小孩也帶來了。

當台灣男士推動「同學會民主化」，搞會長直選，日本女士居多的北一女同窗會，卻忙著創辦結婚介紹所，大做媒人婆。幫年輕男女，找到幸福歸宿，固然功德無量，但是，現代女性貢獻社會，應該更跨界，八十年後的今天，我慶幸「北一女婚姻介紹所」只留在過去，沒有變成北一女歷史悠久的舊傳統。

古典師生戀

士林芝山岩的樹間，突然傳出連續槍聲，第一次空發，沒有標靶，第二發，二十歲的山崎照子舉槍對準自己的喉嚨，砰的一聲，子彈滑過脖子，自殺失敗。

山崎小姐一心赴死，轉而縱身一跳，把自己往二十尺深的林叢拋下去。沒想到人還活著，只是，已經動彈不得。劇痛逼醒決死的心，現在的山崎開始發出微弱的呼救。當地一位姓周的台灣人，正上山採蘭花，聽見山崎痛苦的哀叫，趕緊揹她上來，搭汽車急奔醫院，意外救了她一命，也因此拉開轟動一時的師生戀奇聞的序幕。

這一天是一九三二年七月二十七日，山崎躺在台北醫院（今

❶ 女主角就讀的臺北第二高女，校址即今立法院，不過，戰後已經廢校。

❷ 喧騰一時的師生戀奇聞，女主角山崎小姐的照片被登上報紙。

台大醫院），全身癱瘓，但仍能言語。關於她尋死的原因，像一顆石頭，丟進湖裡，激出的漣漪，隨著時間，一圈一圈擴大。

山崎說，她就讀台北二高女（該校已消失，非現在的中山女高，校址即今立法院）時，非常崇拜教日文的萩原義延老師，因崇拜而生愛慕。在東京旅途中，忍不住寫信回台，萩原老師也很快回信。後來，在台北相見，第一次，老師明言不能接受她的愛，第二次再見，老師卻「積極的抱腰接吻」，讓她愈陷愈深。雖知四十幾歲的老師是有婦之夫，不過，幾次在草山、北投、士林相會時，老師又有「愛汝之言」。最後，師母發現情事，老師狠別，種下她自殺的念頭。

山崎自殺前的焦慮，有一點是現在很難想像的；年輕的她誤以為男女相擁，就會懷孕。這個錯誤的焦慮可能傳染給父親大人，導致爸爸去學校找校長理論時，聲音特大，要求賠償精神損失五千圓。五千圓可以買一部半的豪華汽車，也可以買都心五十坪的房子，金額非常大。經過討價還價，三千圓、兩千圓，一路下殺，但是萩原老師堅持清白，一毛也不妥協。

校長為了息事寧人，以維護校譽為由，要萩原老師辭職。八

1

2

月中旬，老師辭職了，風波卻反倒雲湧。八月最後一天，按捺已久的報社，開始大版大版報導。萩原也帶著太太出面反擊，向記者說，很後悔答應辭職，彷彿他真做了不該做的事。萩原喊冤，並推翻山崎照子的說法。

萩原說，發現山崎對他有戀慕之心，幾次見面，都是純粹為了開導她，而且時間也都選在十點到午後兩點的大白天，他也都穿著老師的正式制服，可嘆照子執迷不悟，還天天打電話到他家裡，他只好再寫信相勸，一切都恪守師道。最後，萩原老師還發狠誓，若有擁抱接吻情節，他願意切腹以謝世人。

至此，兩造說詞南北，為了讓社會公評，報紙罕見地挖出山崎的兩封「戀文」，以及老師的兩封回信，大肆披露，弄了快一整版，八卦至極。說也難怪，日本時代整整五十年，師生戀聞所未聞，這是唯一曝光的一次，還以槍聲開始，整個社會飽受驚嚇之餘，肚子裡當然一大堆疑惑，窺探的欲望若渴。

之後一週內，風波有點紛亂。有人投書大罵是教育界之恥，老師竟然膽敢與人家女兒玩戀愛遊戲。另一方面，三位憤慨的台北帝大（今台灣大學）教授聲援老師，萩原十年前在師範學校教過的三十幾名台籍學生，也軋了一角，發出護師聲明，感嘆是「聖純」的老師「受難」了。

最後，回家療養的女主角終於羞愧認錯，向老師和社會道歉，喧鬧一時的師生戀才完全落幕；而那時已經是三個月後的事了。

第一家托兒所在西門町

有位年輕朋友跑去台東，騎機車閒逛幾天，拍了好些照片po上網，特意寄連結來與我分享。其中一張是鹿野鄉的古蹟，日式老房子，她根據現場的告示牌，寫了圖片說明，「曾是台灣第一所托兒所」。

不過，這個歷史記錄恐怕需要修正。

一九二〇年代，全日本開始注意婦女、兒童、失業和貧民等社會弱勢者的權利和照顧，各類救助事業如雨後春筍；東京市就在一九二一年設立了第一家公營托兒所。一九二八年，全是日本移民的鹿野村這邊，由官太太組織的「台灣愛國婦人會」，設立了托兒所，減輕農村婦女的養兒負擔。

❶ 員林一家農繁期托兒所的兒童，玩砂之後，老師正在幫忙洗淨身體。

❷屏東萬巒的農繁期托兒所，女老師正在彈風琴帶小朋友唱遊。

❸日本時代，為了幫助農忙的婦女，各鄉村設有所謂的「農繁期」托兒所。

❷

3

❹苗栗銅鑼三座厝的托兒所是台灣人自辦的第一家。
❺高雄杉林地處偏遠，也一樣在農忙期設置托兒所。
❻手拉手遊戲的是台中南屯托兒所的小朋友。

4

當時托兒所還是一個外太空的概念，一般人聞所未聞。我那一九三〇年代出生的父母親說，他們嬰兒時期，都是坐在竹製乳母椅子裡頭，被挑到田邊，放在田埂，或者放在竹叢下，餓了哭了，媽媽很快可以過來餵母乳。鹿野村托兒所無疑是婦幼史上先進的一步。一九三四年，鹿野村托兒所還擴建，建物且保留至今。

不過，台灣第一家托兒所並非誕生於台東鹿野村，而是台北西門町的一間佛寺裡。這家弘法寺於日治初期來台開教，日本時代結束，原址由台北天后宮移入，現在進這間媽祖宮，還可以看到弘法寺遺留的佛像和石階石柱。百年前，弘法寺即組織了「護國十善會」，就像馬偕以拔蛀牙、長老教會以興學辦醫院傳教，十善會也透過安排醫師每天免費治療五位病人，提供無處落腳的貧苦人住宿，來勸人知父恩、母恩，守佛教十善（不殺生、不偷盜、不邪淫、不妄語等十項戒律）。

一九二六年春天，比鹿野村早兩年，弘法寺十善會為了幫助單親或有困難的家庭，就開辦過托兒所。一歲以上的嬰幼兒之外，小學生也收。早上六點就可以送小孩去，一直到晚上六點，有十二個鐘頭的寄托時間。他們會給小孩喝牛奶、吃麵包，還會

5

6

❼台北鎌倉托兒所的午餐時間。
❽三〇年代台北市最有名的托兒所「鎌倉保育園」，白天有兩百多位幼兒托育。

幫忙洗澡、洗衣服、剪頭髮，也監督學童唸書。十善會托兒所雖非免費，但家長手頭不方便，短期間可以不急著繳付。

好事難久，依舊報紙的記載，半年過後，因為「種種狀況」，十善會托兒所就停辦了。具體的原因，則沒有交代。

不論寧靜的鹿野村，或熱鬧的西門町，兩家台灣最早期的托兒所都由日本人興辦，台灣人開設的第一家托兒所，與一般文明事物最先出現在都市不同，一九三二年，苗栗銅鑼三座厝的鄉村媽媽，早早體驗了托兒所幫忙帶孩子的輕鬆。

一九三〇年代，台灣各地農村隨之陸續開辦托兒所，但這類農村托兒所與現在的托兒所有很大不同；不是天天開門，只在農忙時節，開個十天兩個禮拜，久一點的，頂多一個月，所以當時有個專稱叫「農繁期托兒所」。新竹州（今桃竹苗客家地區）有最多的農繁期托兒所，因為這個區域產茶，客家女人刻苦勤做，多上山摘茶，把幼小子女集中照顧，有益茶產，地主們頗樂於設置互利。

戰後，四〇到五〇年代，台灣普遍可見的「農忙托兒所」，即日本時代「農繁期托兒所」的延續。

7

8

女性摩登

留學女人的雄心

一九〇六年，距今超過一百年了。台南這邊，報紙說，官廳動員了一群小學生來歡送學姐去「留學」。這位學姐叫郭希韞，名字很優雅，因為她的爸爸是商人，郭家自有私塾，老師給她希韞這個學名，與尋常人家要挑水養雞的女兒不同。此刻，郭希韞十五歲，公學校（小學）畢業了，踩著小腳，將從安平搭船出發，淡水上岸，轉乘火車到士林，進入女學校。

清代時候的台灣，女子讀書已少見，能唸書的就是去住家不遠的私塾，即使男兒，也沒聽說誰翻山越嶺，追著哪個名校哪個老師，求更高學問的。一八九五年，日本人來到台灣，開始有現代式的學校，教室有黑板、地圖，上的是數學和體育這類課程。

❶台灣最早到島外留學的女學生吳笑（右）和黃鶯（左）。

女性也開始離開家鄉父母，為學問而啟程。

像郭希韞這樣，從台南到台北，今天看來只算外地生，但放到一百年前，搭小船乘風破浪，也是冒險，雖不離島內，卻也算千里迢迢，在當時人眼裡，跟到國外「留學」一樣了。

真正到海外另一個國度求知識的留學，事實上，比郭希韞更早，一八九八年，台灣第一批女留學生已經整裝待發。黃鶯和吳笑兩個人跟郭希韞一樣，都生於台南，家庭背景卻是坎坷。黃鶯父母雙亡，只有老祖母相依為命，吳笑也早早沒有媽媽，她們小時候在英國人辦的教會學校唸書，十二、三歲時，一位叫春平山的日本牧師帶她們到東京的明治女學校就讀，一待就是十年，其間不曾返台。初期學費全由明治女學校的校長巖本善治提供，後來，才轉由台灣總督的公費支給，算是最早的公費女留學生。

據報紙報導，闊別十年，黃鶯與

吳笑畢業歸鄉，舉手投足言語，已經一付日本婦女模樣。回想留學時光，她們最懷念日本冬天的白雪。而眼前，她們將要在台北擔任學校老師。黃鶖和吳笑跟所有的女留學生一樣，留學雖然辛苦，但苦盡甘來，透過留學，既脫離原先的命運，人生風情也登入完全不同的境界。

一九一〇、二〇年代，台灣勉學出洋的女性明顯增多。一般來說，日本仍是主要留學地，以一九二七年的京都來說，台灣留學生有三百多人，女學生也有十幾個人。她們多數唸一般女學校，類似今天唸完高中一樣，不具專業技能。不過，同時候，學齒科的、學音樂的、學美術的、學醫的，如春天的花園，也開始一朵一朵綻放。台灣第一位女醫師蔡阿信即於一九二一年從東京女子醫學專門學校畢業。

東京女子醫專對台灣婦女史意義非凡，是台灣最早一批女醫生的最重要搖籃。現今四十歲以上的台大醫生，不少人都是李淑玉教授的學生，她教他們怎麼判讀心電圖，考試時，考卷就是幾張心電圖。李淑玉正出身東京女醫。一九三八年，她北一女畢業，成績優異，想升學深造，但環顧全台，唯一的大學臺北帝大

❷ 陳杏村留學東京，成為台灣第一位時尚服裝設計師。

不收女生，要再上層樓，唯有出國，於是，她到了日本。

三○年代，台灣洋溢著活力，女性也展現不讓鬚眉的氣概。當日本開始准許女性擔任律師，台南二高女畢業的蘇鳳鳴馬上跑到東京，進明治大學、日本大學的法學部聽課。還有陳杏村，她是現在日本政壇名人蓮舫的祖母，年輕時去了東京銀座的FASHION SCHOOL，畢業後，一九三五年回到台北最熱鬧的都心開店，雇了十五名員工，成為台灣第一位時尚服裝設計師。

日本時代，還有一位特別的留日女學生李羅秀卿，她十九歲那一年，以大學生交流的名義，去了美國。

戰前去過美國的台灣女性，伸手五指，就數得完。前屏東女中的老校長劉快治，一九三六年到一九三八年之間，在密蘇里州立大學攻讀教育系和教育碩士，應是戰前唯一拿到美國學位的台籍女性。另外，台灣第一位女醫師蔡阿信也曾於一九四○年抵達美東，到過哈佛大學，但非正規攻讀，而是到醫學院觀摩。西方社會lady first的文化，女性可以走在男人前面，曾經讓初來的蔡阿信感到不自在。

李羅秀卿出身埔里大地主的家庭，爸爸羅萬俥就已是罕見的

❸戰前的東京女子醫專造就了最多的台灣第一代女醫生。（李淑玉教授家族提供）

留美學生，戰前曾任台灣新民報的常董兼總經理，二〇年代拿到賓州大學國際政治的碩士學位，戰後當選過立委，也任過彰銀董事長。李羅秀卿十歲時，媽媽病逝，十一歲被送去台南教會辦的長榮女學校。我訪問她：「會覺得難過嗎？」她說：「不會，我沒有苦悶的記憶。可能是我回埔里的話，母親也不在，祖父祖母也不在。」

五年後的暑假，有一天，爸爸又要去東京，她求他「乎我隊，乎我隊」（讓我跟），於是，她到了日本。又有一天，看見報紙廣告，一所洋派名校「東洋英和女學校」要招插班生，她努力考上，又求爸爸「乎我留下來」。

在東洋英和女校，英文老師依字母順序，給學生取英文名字，於是，李羅秀卿有了另一個代稱Eleanor。畢業後，進入惠泉女學園大學唸外文系，老師多是移民美國的第二代日裔，被學生暱稱「二世」。

此時的李羅秀卿與一般台灣女性的教育歷程，已經愈離愈遠。她一路都在基督教的洋派學校唸書，此刻又成滿口英文的留日大學生。

一九三四年，滿洲事變後，日本的擴張野心，使美日關係趨於緊張，於是有「日米學生會議」，進行兩邊大學生的親善交流。日本前首相宮澤喜一就曾參加了一九三九年的會議。李羅秀卿比宮澤還早兩屆，一九三七年，日米學生會議第四屆，美國史丹佛大學主辦，李羅秀卿正當大二，以流利英文通過日本文部省考試，成為交流團的成員，暑假便前往美西史丹佛大學，進行一個月的訪問。

全團只有十五名女學生，男學生則有三十五人。他們從橫濱搭淺間丸出發，十天後到夏威夷，停靠半天，接送旅客之後再出發，經過四天，才抵舊金山。李羅秀卿說，海上十四天，大家都無心欣賞滄海明月，除了忙分組討論提高女性地位和減少軍備，其他空餘時間，就是忙著學跳舞。當時在日本，只有大人和不良少年少女才跳舞，但在美國，人人跳舞，帶團教授趕快要船

❹一百多年前，還是漢裝長辮的南部年輕女孩子，能到台北唸唯一的女學校，已屬勇氣可佩的留學。
❺李淑玉（前排中、著旗袍加外套者）留日，就讀東京女子醫專，後來長期在台大醫學院任教。（李淑玉教授家族提供）

上的服務生給他們惡補，早也跳，晚也跳，「學會了華爾滋，探戈還沒熟練，船已到舊金山了」。

到了美國，他們參觀許多學校，在史丹佛大學的時間最長，有兩、三個禮拜。美方當然辦了許多party。我問李羅秀卿，「那妳有跟哪個big guy共舞嗎？」回答滿意外，日本大學生太內向了，只敢跟自己人跳舞。

這一趟美國行，日本政府發給每位學生團員一百美金當零用錢，當年一塊美金兌換兩日圓，李羅秀卿手上的兩百日圓比一般上班族的半年薪水還多。怎麼運用難得的零用錢？她只記得，買了一台柯達照相機。

李羅秀卿之後，全世界捲入狂亂的戰爭，海上輪船常被炸沉，跨海留學的風險愈來愈高，台灣女性到島外留學更稀少了。

戰後，台灣女性留學是另一種風貌，最熱門的留學國家，由日本變為美國；戰前自費自由的留學，也變成需經留學考試；留學地更是頓時「全球化」。七〇年代以前，因台灣為自由中國，和世界各國有邦交，有各國各種獎學金，刺激女性出國唸書。像一九五八年，伊拉克政府提供了三名公費獎學金，報名截止前一

ヨミカタ

❻高于珺（中）申請美國名校的成績非凡，與媽媽梁旅珠一起接受電視知名主播方念華（左）專訪。（梁旅珠提供）

天，前僑委會委員長張富美正就讀台大法律系一年級，和室友玩碟仙，預言會考取，她姑且一試，果然拿下第一名。不過這下反而害得父母趕快北上勸阻，要她台大畢業，出國不遲。

戰後有很長時間，限制高中畢業生出國留學。有省議員幫女孩子請命，說是等大學畢業出國都已二十四歲，留學回來，會誤了結婚佳期。不過，教育部打了回票，指稱具備研究基礎，始能吸收新的學識，還是要大學畢業，通過留學考才能出去。

現在，這個枷鎖不見了，女性沒有二十幾非嫁不可的壓力，高中畢業也可以自由振翅，飛向全世界。因而，二〇一〇年，有位台灣女生寫出留學史上的輝煌記錄；北一女畢業的高于珺一口氣拿到哈佛、史丹佛、耶魯等七大美國名校的入學許可，直把男生比下去。最後，她很有主見，捨世界第一的哈佛，而選擇了史丹佛。

女性自古追求美麗不懈，近百年來，台灣女性也展露了對知識的渴望；從郭希韞到高于珺，從士林女校到史丹佛，其雄心壯志，似乎有增無減。

明星一般的開車小姐

女性開車，沒甚麼了不起，那是現在。如果時光倒流，回到快八、九十年前，就不得了了。

一九二二年十一月下旬，天氣轉涼了，艋舺這邊的警察局走進來一位年輕漂亮的小姐，穿著襟衫，非洋裝，非和服，一看便知台灣人。她向警察提出申請，希望發給駕照，讓

❶ 戰前的汽車影像多是男人在掌握方向盤。

❷ 車商特意找風月場所的時髦女性坐車宣傳。

❸ 台灣第一位女駕駛蕭鄭綢和先生蕭金水，攝於一九三二年。蕭鄭綢身穿的洋式服裝，有小領帶，直條紋，短短的裙子，絲襪，高跟鞋，是當年很摩登的裝扮。

2

她能夠開車。警察一問，芳名蔡嬌，是當地有錢人家的小姐，才十七歲，不得不跟她搖頭，十八歲以上才可以開車，這位蔡嬌小姐只好抱憾離去。

這件事會登上報紙，多少因有幾分驚異。當時汽車罕見，不是沒有一百「萬」輛，而是整個北台灣不到「一百」輛。一九一二年，台灣街頭才看到第一部車，之後不是如群蜂擁入，而是一部一部緩慢增加。十來年後，開汽車的「運轉手」（日本時代對司機的稱呼）成為收入優厚的新興職業，不似普通的勞動者，而更像新技術的技師。汽車教練場跟著出現，報紙一隅開始有駕訓廣告。但是，似乎沒人會把開車和女性連結在一起，廣告都強調汽車運轉手是「紳士的新職業」。

蔡嬌喊出「我也要開車」之前，在台灣，一個外國女人先有了駕駛執照，可能是某個洋領事或外國茶商的太太。一九二二年春天，再有一個日本女性「小菊」在東京學會開車，剛來台北拿到駕照。台灣女人會開車的則根本沒有半個。阿嬌小姐想開車，發人所未發的夢想，實在勇氣非凡，大概跟現在女孩子想開戰鬥機差不多。可嘆，後來並沒有再聽聞蔡嬌的消息，雖然，她很快

3

就十八歲了。

蔡嬌事件隔年，大稻埕這邊又有郭玉葉，去汽車教練場報名練習，但結果如何，也似小石子掉到井底去，毫無下文。

二〇年代是思想解放的年代，女性自主的論調到處飛散，台灣女人想要開車，無疑也是渴望獨立自主。特別開車不像打字員、電話轉接小姐或咖啡店服務生，只是走出家庭、成為摩登職業婦女的一個工作而已，而是一個專屬於男人的工作，女人能坐上駕駛座，掌握方向盤，比其他工作的獨立自主意味更濃。

在台灣女人發出想開車的第一聲後五年，第一位女性汽車駕駛終於在台中出現了。她的名字叫蕭鄭綢，不像郭玉葉那樣去教練場學開車，先生蕭金水本身即司機，她想要開車，比較不會受到反對阻撓，實際上，先生還近身調教，讓她學會開車，一九二七年並考上駕照。

蕭鄭綢不僅拿到駕照，還跟先生同一家客運上班，每天往返台中和清水之間，從早上七點到晚上八點，一天工作十三個小時，跟她十三個男同事毫無差別。曾經一個五月天，開車載客往台中去，途經沙鹿，車頭突然起火，她也表現鎮定，緊急請乘客

❹一九二八年，台北州有五百多人考上駕照，吳謹是唯一的女性。

下車，眾人得以無恙。

緊追在蕭鄭綢之後一年，台北士林劍潭人吳謹成為台北州第一人；在今天台北市、新北市與基隆、宜蘭的州境內，共五百五十位通過考試的合格運轉手，吳謹是唯一有駕照的女性。報紙刊登她的照片，如同對待明星一般，稱是她的「小影」。

一九三二年，台灣第一本汽車雜誌《臺灣自動車界》剛剛創刊，就迫不及待做了一系列女駕駛的採訪報導。有一段引言說，現在女權擴張，有女博士、女律師，在此經濟困難的時代，女性不能再是男性附屬品，不能再是封建箱裡的小女兒，應該站上生活的第一線，擔任肩負任務的鬪士云云，把女司機捧為進步女性。而在刊登新竹一位女司機時，也以「交通界の名花」來形容，流露著崇拜的心情。

駛離自由開放的二〇年代和摩登繁榮的三〇年代，籠罩在真實戰爭裡的四〇年代，在對匪作戰陰影裡的五〇年代，車輛不再是時髦的新物，而轉為國家緊急狀態的重要動員工具，女人有駕車技術，即具備愛國報國的良好能力。一九五八年，台灣省婦女會拿到政府補助，開始辦短期婦女駕訓班，理事長鄭玉麗就說，創辦駕訓班，是為配合國家動員政策，培養婦女駕車技術，使婦女在戰時發揮最大力量，貢獻國家。說得這麼嚴肅，來受訓者也不隨便，有台大畢業的陶女士和金陵女子大學畢業的楊小姐。

現在，女性開車，已沒甚麼了不起了；二〇〇九年底，台北市有八十萬個男人領有駕照，女人也有五十五萬。八十年後，子孫看我們這一個時代，又炫又酷的，該是開捷運、開火車、開飛機的女性登場了。

女人與飛機的進化論

1

❶戰前台灣已有民航飛機，雖然只飛沖繩和九州，但已設空中小姐服務旅客。

❷一九一七年，一位十八歲的日本小姐從日本的飛行學校畢業。

天空，藏了無數人的夢想。有人把情人的海誓山盟寄在星星那裡，也有人託給會穿雲噴霧的飛機。

台灣女性和飛機的因緣，百年來，可看成一段進化的過程。

一九〇三年底，美國萊特兄弟在北卡羅萊納州如鳥飛行了十二秒，地球上第一次出現飛機。十一年之後，有個日本飛行家來台灣，首次為台灣人打開眼界，見識何謂飛機。一〇年代，飛機只像大型的滑翔翼，沒有機艙，駕駛員裸露在外，無法載人，大家只能「看」飛機和飛行秀。

二〇年代，飛機的演進一日千里，台灣男性開始出現飛行員。一九二八年，霧峰豪族的林獻堂帶兒子遍遊歐美途中，在美國洛杉磯搭了十五分鐘的兩人座小飛機。二〇年代結束，台灣女性還停留在仰脖子看飛機的階段。

一九三一年，台灣女性終於坐上飛機，擺脫只是觀眾的身分。那一年的十月初，大稻埕有兩位貴太太碰在一起，一位叫林金英，住在目前仍存的貴德街豪宅，她的丈夫陳天來是台北茶商公會的頭頭。另一位叫葉白，皮膚白皙，因祖父是英國人。葉白的先生許丙，當年是台北的名紳，政商關係亨通。許丙夫婦的子

❸中國戰前就有女飛行員。

孫也頭角崢嶸，有華南銀行董事長、華南永昌金控董事長、力晶科技公司董事長等等。

那一天，林金英來許宅找葉白，她們都收到一張招待邀請書，林金英先開口：「明天要招待坐飛機，有點可怕，妳要去嗎？」葉白回說，總督府的官太太都要去坐了，沒問題啦！十月六日，葉白真的去坐了。回家以後，逢人就談搭機初體驗，一次又一次，顯得很興奮。葉白說，飛機「呼」就到空中，從窗戶往下看，房子像火柴盒，人走來走去，好像螞蟻在動一樣，不覺得可怕。葉白的兒子許伯埏（一九一七年生）在回憶錄記下媽媽這個珍稀的經驗，並推想她可能是台灣第一位搭飛機的女性。

一九三〇年代初，台灣正一步一步籌備開辦飛機載客載貨載郵件的事業，飛機跟高鐵一樣，需要長時間的試航試營運。葉白等人能搭上免費飛機，正是籌辦過程的第一次體驗活動。辦了兩天，一天飛十幾趟，一趟十分鐘左右。在葉白之後兩天，板橋林家出身的前台泥董事長林柏壽和林熊光，也帶著太太和女兒，一嚐了搭機騰雲的滋味。

就在葉白飛機初體驗的隔日，唸中學的長女許碧霞也飛上了

❹圖為五〇年代照片，搭飛機出國是大事，往往全家族總動員到機場送行。

天，只是搭了不同類型的飛機。這一天傍晚，許碧霞比平時遲歸，被媽媽責備。原來，台北州知事（類似現在的市長）的夫人安排她去淡水搭了水上飛機，她還翹課去的。許碧霞搭水上飛機，大概又是台灣女性的第一人。這位名門千金非常漂亮時髦，六個女兒也不凡，女婿盡是富家第二代，其中又以現任華南金控副董事長林明成最知名。

一九三五年，台灣舉辦盛大的博覽會，有一項新奇節目「遊覽飛行」，也供人搭機，在台北上空轉個十分鐘。活動二十天，共兩千多人報名體驗，台灣人居大半，其中三、四成又是年輕的小姐，可見台灣女人活潑大膽的個性。

一九三六年元月二日，台灣民航第一班客機從今天的松山機場飛出。一張機票一百一十圓，是一般受薪階級四、五個月的所得，再有錢的人，也多選擇搭船。女性搭機，無疑是新聞。一九三七年，報紙就有這樣的消息，年輕時在屏東家鄉就已經騎馬指揮壯丁的莊阿隨，現在八十歲了，還敢從日本搭飛機回台灣，不愧是女中豪傑。

戰前搭過飛機的女性還有煤商劉明的太太，她的女兒劉心心

4

生病，為了更好的醫療，夫婦倆帶著女兒飛去日本。

一九四五年日本統治結束，雖然之前已經有空中小姐，卻是兩位北一女畢業的日本籍小姐。要到戰後，台灣女性才能從「飛機乘客」的身分，再跨足「在飛機上工作」的角色。

戰前，要成為空中小姐，必須高等女學校畢業，比女車掌高，跟小學老師的學歷要求則一樣。戰後，大專生才能當空姐，一樣高學歷。不過，戰前的空中小姐不要求高挑，還希望身高在一百五十六公分「以內」，跟現在雙臂舉高，必須能碰到機艙座位上的行李箱，大不相同。

台灣戰後有幾十年近乎鎖國，民眾無法自由出外觀光，必須有公司出具證明，以業務考察為由，才能飛出去。空姐三天兩頭可以出國開眼界，讓這個行業一度有「天之驕子」的說法。到現在，空姐此業，仍吸引年輕女性，其熱歷久不衰。

台灣女性進展到能開飛機，已是一九九二年的事；空軍官校的武文瑛，獨自駕著教練機，完成首次女性飛行員的單飛。一九〇九年，法國羅榭男爵夫人就已駕機，率先全球女性征服天空；雖然相隔這麼久，我們還是做到了。

誰家女子打高爾夫

一百五十、一百八十年前，歐洲和美國的女性雜誌不斷大聲疾呼，少女應該學會爬樹，應該輕快走路，應該跑步、划船、游泳，應該脫掉阻礙呼吸的胸衣，騎馬去旅行。

當西方女性的身體大夢甦醒，開始伸展沉睡千年的肢體，台灣小島卻還安安靜靜掛在太平洋一隅，在自己的夜晚，做著自己的夢，不受騷動。夢裡，沒有操場的跳躍，也沒有球場的揮拍。

直到十九世紀末，一八九五年日本治台後，女生進入學校，台灣女性才開始與現代運動有了第一類接觸。當時的女孩子，「稍長四五六」，四歲、六歲的，就必須把稚嫩的小腳彎折，用長長的白布綁起來，抑制長大。雙腳愈迷你小巧，愈能嫁得好人

❶三〇年代初期，迷你高爾夫球風迷一時。圖為台北市中山北路一、二段這邊一家私人球場，佔地五、六百坪，有十八洞。

1

家。跑跳不存在，足不出戶，蓮步輕移才是女孩的王道。

第一批這樣的女生進到學校，日本老師發現，她們常因腳痛而哭泣，連站個一、兩分鐘都困難，會躲到廁所，逃避體操課。老師只好設計每天三十分鐘的遊戲，來啟動禁錮千年的女性肢體。依一九〇〇年代的記錄，遊戲包括邊唱歌邊拍球、捉迷藏、單純拍球等等。

到一九一〇年代，台灣女性纏小腳大幅鬆綁，女子入學人數逐漸擴大，運動這件事才慢慢融入女性的世界，不再陌生。等三〇年代一啟幕，台灣女性運動員明星已然出現了。

當時，吸引台中、彰化等中部千金才媛的名校「彰化高女」，出了一位叫林月雲的學生，她到東京參加田徑大賽，三級跳跳出十米九六，創新台灣記錄，隔年，更以十一米五一，刷新全日本的記錄。日本時代，林月雲就以傲人的體育成績，躋身名人錄。

林月雲的百米短跑也很強，最佳記錄十二秒五，曾在一九三八年獲選為一九四〇年東京奧運的候補選手。目前台灣的最快記錄是紀政於一九七〇年創下的十一秒二二。

❷ 戰後，男人有的體育競賽，女性也不會缺席。

戰前的日本時代，女性投入各種田徑活動，還出現鉛球明星呢！高雄高女的黃瑞雀，一五五公分高，體重五十九公斤，擲鉛球的最佳成績快十米，雖與現在的全國記錄快十七米差很大，當年卻和林月雲一樣，入列奧運的候補選手。

二〇年代，女學生也快速追上男性，穿著燈籠褲，踏入球場，打起排球、籃球、網球，甚至棒球。二次大戰結束前，台灣的女性沒嚐過踢足球的滋味，倒玩過一種踢壘球的運動。

戰前，從事田徑和球類運動的女性絕大多數都屬學生。等到她們十七、八歲離開高等女學校，不論未婚或已婚，似乎重新貼上膠片，又與運動絕緣不來電了。不過，一項最具時尚性格的運動，卻悄悄吸引高貴的仕女們走出戶外。

講到時尚和高貴，沒錯，就是小白球高爾夫。

一九一八年，一位日本商人去了美國殖民地菲律賓，回台灣時，行李帶著台灣第一支高爾夫球桿和第一雙球鞋。隔年，淡水高爾夫球場便正式開場。到一九三〇年代，全台已有好幾處高爾夫球場，遍及淡水、新竹、嘉義、高雄、花蓮等地。只不過，往球場眺望過去，綠茵的果嶺

上，揮桿的清一色是男性。

台中大肚的高爾夫球場就不一樣了。台灣數一數二的財勢家族霧峰林家，就有好幾位女眷常去大肚打高爾夫球。五十歲的林家老爺林獻堂在一九三一年的日記裡曾說，他約了親家、親家母和子媳，去大肚打高爾夫球，八人共用六位「拾球童子」（桿弟），他和親家楊子培夫婦都是第一次打高爾夫，打了五個洞，花了一小時，「擊多不中」。

三〇年代的女性還接觸過一種特別的高爾夫。在那之前，美國正大流行熱狗、樂樂球和迷你高爾夫球。迷你高爾夫的風潮於一九三一年也吹進台灣。台大醫院、台北高等學校（校址即今台灣師範大學）、中山北路二段這邊的御成町、台中、台南都有球場，嘉義一家戲院舊址也改建為球場，迎接這股熱潮。霧峰林家幾位時髦女性同樣沒有缺席。林獻堂的女兒、前台大醫院院長高天成的太太林關

❸台灣女性最早綁著小腳，以遊戲方式開始運動。

❹日本時代，台灣女性已經能夠裸露肢體，穿著泳衣，公開戲水了。（李淑玉教授家族提供）

❺三〇年代的台南二高女，台灣學生居多，由畢業紀念冊可以看見當時女子在校園的多樣化運動，包括籃球、乒乓球、射箭、足壘球等等。

3

關就跟隨著去台中打過迷你高爾夫。霧峰林家索性在自家的萊園也闢建了迷你高爾夫球場，家族女性打迷你高爾夫更方便了。

戰後，高爾夫球依然維持著高貴的氣質，大約一九四九年，華南銀行總經理高湯盤的太太高洪黎黎，腸胃不好，稍動就喘，先生勸她打球，於是踏上淡水高爾夫球場，揮出戰後女性的第一桿。

五〇到六〇年代，淡水高爾夫球場由美軍顧問團經營，更讓高爾夫高掛雲端，能夠流連球場的女性，不是醫生太太、有錢老闆娘，就是外省籍官夫人。總統蔣介石的俄籍媳婦蔣方良也曾出現在淡水球場，總由幾位官太太或簇擁或開路。據老球友的記憶，蔣方良身分特殊，大家都會讓她超前先打，「不過，還好，她會說謝謝。」

百年前，台灣女性開始運動，但運動健身等觀念遲遲不前，運動習慣難以排入女人的行程表。七〇年代後期，美洲的有氧運動才自日本引進台灣，八〇年代，第一家健身運動教室才開張。終於，現在到處可見熱愛運動的女人，清晨慢跑，白天揹著瑜伽墊，晚上跳舞。而且，揮別裹腳布一百年，曾雅妮更把台灣女性

的運動成就，帶到世界第一的巔峰，所有的女性同胞都該高呼大叫，一起按讚，給自己熱烈掌聲。

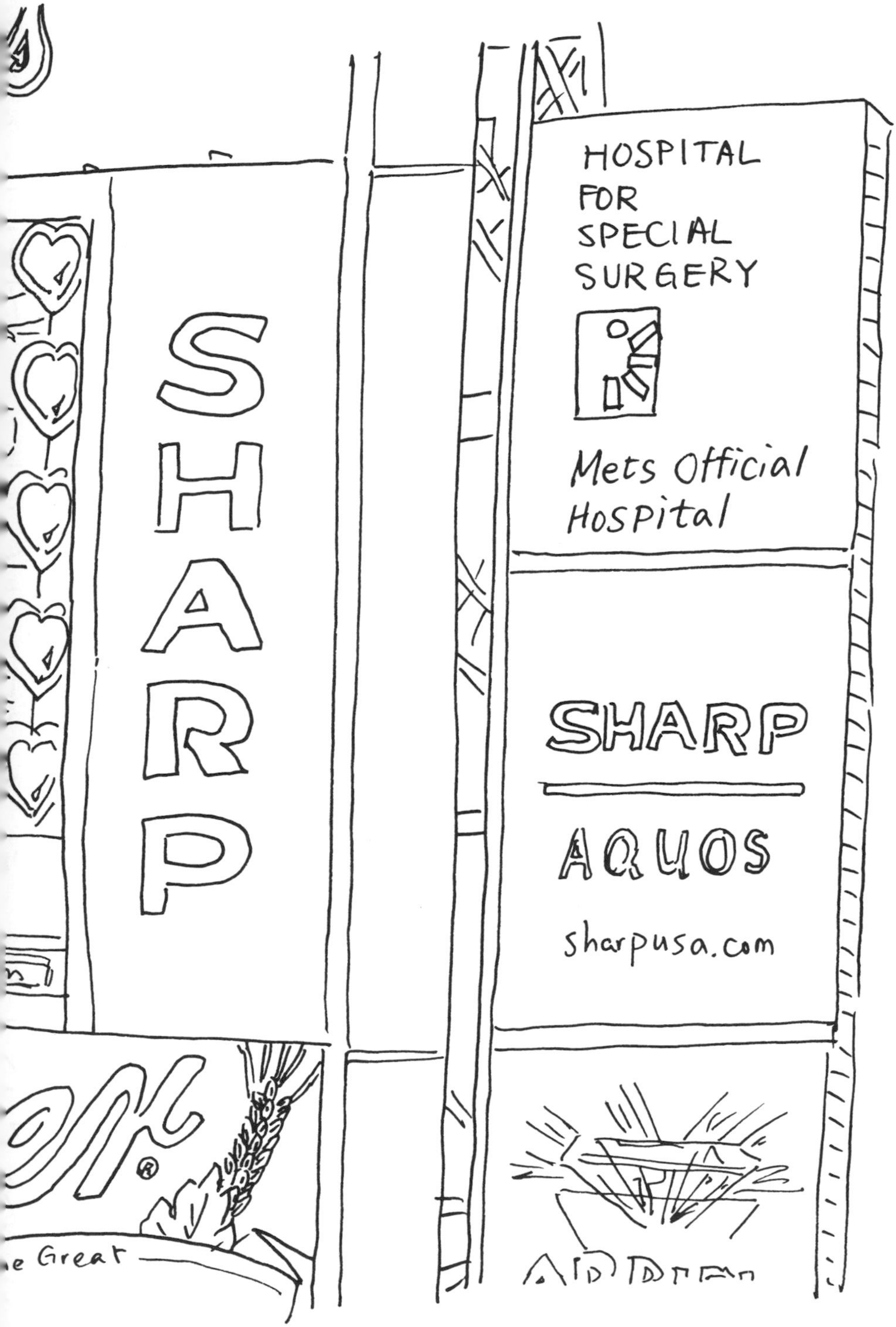
SHARP
HOSPITAL FOR SPECIAL SURGERY
Mets Official Hospital
SHARP
AQUOS
sharpusa.com
e Great

歷史與我

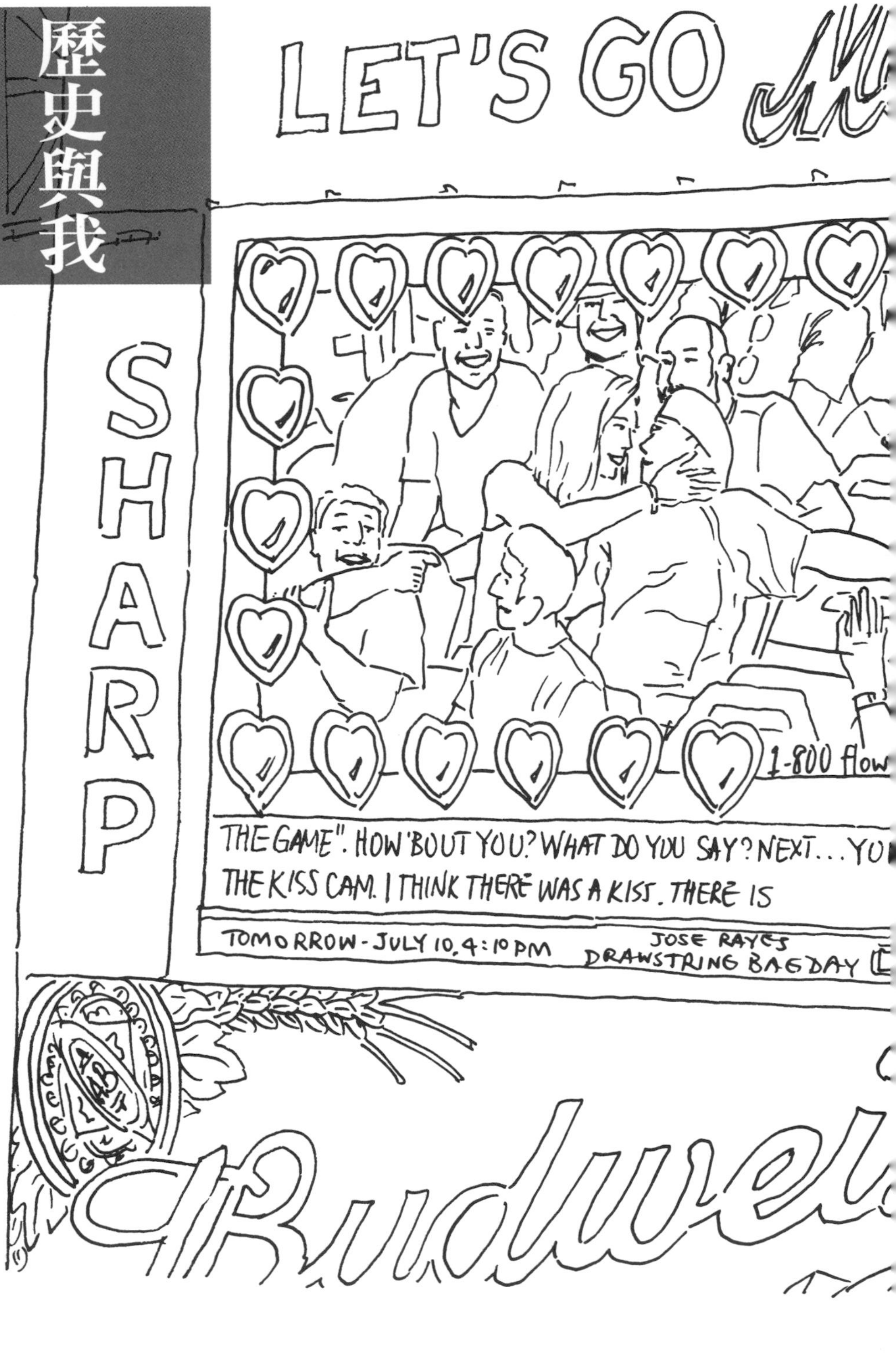
LET'S GO
SHARP
1-800 flow
THE GAME". HOW 'BOUT YOU? WHAT DO YOU SAY? NEXT...
THE KISS CAM. I THINK THERE WAS A KISS. THERE IS
TOMORROW - JULY 10, 4:10 PM
JOSE RAYES DRAWSTRING BAG DAY

我是平埔族

從來不覺得追查身世這件事會跟我有關係，直到十幾年前，在報上讀到楊南郡先生談論凱達格蘭的文章，我開始懷疑自己是平埔族後代，而非爸爸口中所傳，兩百年前，我們的祖先是漳州有錢人的管家，跟隨搭船來台灣。

疑惑放在心裡，十幾年來，並未滋長蔓生，造成困擾，但也沒有根枯葉黃，消失不見。偶爾見到平埔族的書文，總是別有一番感情。

書上說，平埔族是台灣平地早期的原住民，當漢族移民跨海來台，清廷來設府衙，部分平埔族人被迫遷徙，更多就地變身；取漢姓漢名，穿漢服，留滿清辮子，更甚者，跟著抄下一份別人

❶因流著南部平埔西拉雅的血統，爸爸的高，顯然其來有自。

1

❷❸❹❺一九三〇年左右，高雄旗山郡十張犁（應為今杉林區十張犁）一個平埔聚落的生活面貌。擺放祭拜祖先的公媽桌、門柱貼著春聯，在在都是漢化的表現。

的漢式族譜，繼續過活下去。

平埔族漢化過程中，很多人被取姓「潘」，因漢人視他們為「水邊之番」。我雖非姓潘，卻想著雲林莿桐老家，那個平坦廣闊的農田之北不遠，就是濁水溪，南邊不遠又有虎尾溪，我的祖先是否就如所謂的平埔族，因了生存的本能，擇水而居？

書上又說，平埔族的膚色黝黑多細紋，我看著自己的手背，疑惑中多了一點確定。而比膚色更具說服力，是地名。專家指出，舊地名有「番」或「社」，意味當地原始是平埔族的聚落。我生在莿桐鄉的大街上，跑縱貫線的公路局巴士每天要見好幾回。爸爸卻生在附近的農村，阿公也生在那裡，爸爸說，陳家是村裡大戶，一直住在那裡，除了從漳州遷來，沒聽說過落腳其他。戰後初期，政府統一要改名，四叔公當村長，決定改為「義和村」，而之前一直就叫「番仔庄」。

於是，我熱烘烘烤焙著自己內心的平埔想像，逢人也喜歡宣稱，我應該是平埔族。猜想，我一定講得眉飛色舞，姐姐曾經沒好氣地回說，「我們是番仔，這麼高興嗎？」是啊，我就是很高興，因發現真實而興奮，因逼近謎底而刺激。

二〇一〇年九月初，疑團終於解開了。

年初早知道，馬偕醫院輸血醫學研究室的林媽利醫師有承做血緣檢測，不過，男女有別，經由女子檢測，只知媽媽、外婆、外曾祖母一脈的血緣，透過男子的基因檢測，有Y染色體，方能探得父母兩邊。所以，暑假之末，大弟返台受訓，解謎的機會才終於到來。只見大弟拿幾根棉花棒刮了口腔內膜幾下，裝管封存送檢，不久，答案就傳來了。我們的父系血緣果然近似平埔族之一的西拉雅。

西拉雅主要分布在台南，十七世紀，來南台灣的荷蘭人觀察到，西拉雅人比他們還高一個頭，而當時荷蘭人平均身高只有一六〇到一六四公分。我的阿公、阿伯和爸爸身高一八〇上下，哥哥和弟弟也都超過一八〇，顯然是其來有自。

十九世紀，西方探險家踏查台灣，親身體會了平埔族的平和與單純，曾經預言這個族群終將消失。他們卻未料到，基因會永遠記憶。即便命運捉弄，平埔的基因仍然足以力抗光陰、不畏萬里的遷移，緊緊抓住家族源頭的特殊記號，永遠不會消失。

3

4

5

林獻堂的紐約·我的紐約

1

❶一九二〇年後期空拍鏡頭下的紐約曼哈頓，大樓櫛比鱗次，比之今天的台北信義計畫區，更加繁盛。

可能是辦美簽時，受了官僚的氣，自尊拖延了我到美國的熱情。第一次到紐約，我已經四十六歲。

排隊等待通關進美國領土時，一片嘈雜中文聲裡，前方傳來一句又一句的英文質問，把我內心的安檢魅影一點又一點放大。我腦子裡的歷史庫，在這時候開門了。霧峰豪門林家的老爺林獻堂，當年第一次進紐約，年齡還多我一歲。顧自這樣比較著，我第一次到紐約的年紀，似晚還早，不該洩氣或遺憾了！

排隊又往前了一點，心情也有點進步了。

林獻堂當年是搭船從歐洲進紐約，在曼哈頓西側、哈德遜河邊的五十三號碼頭靠港。起先他仍有閒適心情，數著紐約碼頭「計有百餘」，比梳子之齒還多。等通關時，官員姍姍來遲，先是擦汗，又和同事聊天，好一下子才跟林獻堂要護照。突然，又想抽煙，全身找火柴，久找不著，最後才甘願把香煙放在桌上開始問話。一開口問林獻堂的，卻又是為什麼來美國、帶多少錢、家裡還有多少財產、有太太嗎、她叫甚麼名字之類，林獻堂是一個溫吞紳士，後來都忍不住在《環球遊記》抱怨，「作此種無用之問，真是討厭」。想著「真是討厭」四個字，我不禁莞爾。眼

❷紐約街頭隨處有幽默和趣味；博物館在行人道旁的平面展布上，有老羅斯福總統同人高的影像，被人獻煙插上嘴巴。

前壯碩的老官員，站著問話，上身還微微前傾，算是親切，忽的還沒來得及回神，我已經過關踏進紐約了。

和我同班飛機，一次就從機艙倒出幾百個旅客。如果到過紐約的台灣人排成一條人龍，我可能排到第幾千萬個。排在第一個的，目前資料所知，應該是李延禧。一九〇七年，這位台北茶商首富李春生的孫子進入紐約大學商科就讀，應該親睹了大都會人壽保險大樓鑽出地表，以五十層樓高，稱霸全球。等到一九一三年，伍爾沃思大樓（Woolworth Building）以五十七層取而代之時，李延禧早已學成返台，無緣登上世界新高樓了。

在李延禧之後二、三十年，能夠橫越太平洋再到紐約的台灣人，少之又少，跟放在小碟的花生米一樣，一個一個數得出來。一〇年代，紐約街頭似乎不曾再聞台灣人的腳步聲。到二〇年代，稍稍熱鬧起來。一九二六年，屏東萬丹人李昆玉來到曼哈頓，入哥倫比亞大學攻讀銀行科碩士學位，回台灣以後，李昆玉取得美國標準石油公司台灣北部的代理權。台灣第一個醫學博士杜聰明與李昆玉同年抵達紐約，隔年，台灣第一個哲學博士林茂生也進了哥大，兩人都是奉官方派赴海外研學。之後的一、兩

❸美國職棒賽現場會有許多給觀眾歡樂的遊戲，例如轉播鏡頭捕捉到的情侶，就要公開擁吻。

❹紐約就是一個摩天大樓城，大樓帷幕映照著的，還是另一棟大樓。

年，才是林獻堂和兒子林猶龍，純為觀光而來，紐約是他們環遊歐美一年的一站。板橋林家的十五歲少爺林衡道則由日本老師帶領，隨後來到紐約修學旅行。

凡到紐約，不登摩天大樓，就是虛行了。現在如此，過去也是這樣。我登上一百零二層高的帝國大廈，遙想二〇年代，此廈還未誕生，幾位台灣名紳登的應是綠色屋頂、五十七層的伍爾沃思大樓，她也是一九三〇年以前世界最高的摩天大樓。

林獻堂搭昇降電梯到頂，俯瞰繁華市內，感覺人如蟻陣，車如蟬聯，而自我的心境，則是「飄然欲仙，視世間之事如塵芥」。默想著林獻堂的話，比他站在更高樓的我，雖不似神仙，寵辱倒是忘得乾乾淨淨了。

凡到紐約，不帶走幾個新奇，也是很怪異的。

板橋林家十五歲少爺林衡道被老師帶去參觀紐約監獄，非常意外，裡頭非常乾淨，他還在獄內午餐，吃了兩片麵包、羅宋湯、炸魚和咖啡。

林獻堂也有新奇的用餐經驗。如果拿現在的話說，就是吃自助餐，但是，一九二八年，沒有一個台灣人知道甚麼叫自助餐，

4

所以，林獻堂無法一句帶過，他把這個經驗寫得非常仔細，「入門先取盤，次取刀叉，環行室中，擇所欲食之物而取之。」然後，算帳小姐會「給一張計算票，待食完將出時，乃向會計處納金。」他還看到黑白黃棕，各色人種，有男有女，「各捧一盤，循序而進，盤中滿貯食物」，因怕食物掉出來，小心翼翼，兩眼盯著盤子慢慢走。自助餐風景，林獻堂最後竟然下了一個結論：「煞是好看」。

對我來說，初次的紐約印象，最好看的是職棒。週末午後，我去大都會球場看球賽。偌大的球場，幾乎座無虛席，我猜測因為影音設備一流，任何一個觀眾可以完全掌握場內動靜，彷彿置身在一個不大的教室裡，至少我沒有半點兒疏離感。球場還變出許多把戲吸住觀眾，例如，攝影鏡頭會捕捉情侶，當他們發現自己出現在大螢幕，「必須」深情擁吻。美國男女無一忸怩，被鏡頭攝入，跟中獎一樣，立刻當眾熊抱又熱吻，螢幕邊框也馬上鑲以一堆愛情紅心助興，氣氛被炒得熱滾滾，娛樂性十足。

紐約歸來，重讀杜聰明一九二六年一封家書，最後一句說：「我喜歡紐約。」真想告訴杜博士，我喜歡他這個簡單的結論。

母校的前世

快三十年過去，猛然回頭，法學院竟如此陌生。

我記得當年從法學院搭〇南公車可到總區，卻無法描述法學院大門石柱的模樣。我記得有一天課間休息，小偷潛入教室，摸走了我唯一的千元鈔票，卻從未追究過法學院紅磚教室的來歷。我記得法律系的教授高官如雲，彷彿半個司法院，其中陳樸生大法官的「刑事訴訟法」課，湧來許多陌生臉孔，桌椅滿到走廊，拱廊下，上進的心伸長脖子，穿過木窗，目不轉睛，緊追陳大法官的唇語。我卻不知道九十年前，同樣的教室裡，有北京人教北京話，有英國人教英文，而和我們一樣抱著書穿過拱廊下的，則多是說著日文的日本人學生。

❶❷比對兩張大門立柱照片，相距七、八十年，有變有不變，像迷幻劇的背幕。

法學院並非這片校區的原始主人，也非台大前身台北帝國大學的一部分，在日本統治台灣的年代，此地為「台北高等商業學校」。我在法學院一千多個日子裡，完全不知道這些事，好像也沒有人想要告訴我們這些事。

現在，彎過水池邊，兩步石階踏上，迎面的教室牆上貼著簡要的海報，幾個字和幾個箭頭，說明了台大法學院的身世，看來簡單，卻是光陰的座標，學生在校園漫步，知道自己正站在時間流裡的哪一個點；也是一條繩索，可以抓住，游過時間的河，到達同一空間的另一個彼岸。

當然，這個學校的故事不是一張小布告可以容載。

一九一九年，台灣總督府創立高等商業學校，最初有校無舍，借棲在總督府內，現今徐州路這邊還是大片空地，直到一九二二年三月，高商的「第一教棟」（今前排教室）完工，校景才初露容顏。

「台大法學院」現為台北市定古蹟，包括行政大樓及其中的大禮堂、兩排二層樓教室，文化局現有資料記為「均完成於一九一九年」，顯然不甚正確。依台北高商的沿革誌，台大法學

臺灣總督府臺北高等商業學校

國立臺灣大學社會科學院

❸警衛室是小巧典雅的木造建物，於一九二五年建成，當時稱之「守衛所」。

院各古蹟是分批建成，「第二教棟」（後排教室）緊接在前排之後，一九二二年底完工。「本館」（今行政大樓）一九二五年三月底落成，比教室晚了兩年多。

法學院裡，警衛室也散發著日本時代的風情。這座小巧典雅的木造建物與本館同時完工，當時稱之「守衛所」。

第一教棟剛完工不久，一位台北高商教北京語的老師大概站在新樓前，仰頭欣賞，肚子裡同時打起詩稿；一九二二年四月底，他在報上寫了一首「高商校舍落成感賦」的七言絕句詩，由此也可推知，台大法學院古蹟建成時間非如目前官方資料所記的一九一九年。

一個商業學校，有商業簿記、財政學，甚至法學通論的課程，都屬當然，但台北高商開了北京語的課，倒教人好奇。

這位為校舍完工吟寫詩句的北京語老師叫王德欽，非常年輕，一九二一年進高商教書時，才二十五歲。他本是長於北京的旗人，小的時候，父親到福建當官，他跟著住下來，懂漳州泉州話，彷彿半個福佬人，在福建早擔任過北京話的老師。

王德欽二十二歲那一年來台，先落腳台中，開館授課。後經

大稻埕一家公司引介北上，教室設在「新店尾街」（今民生西路和寧夏路口一帶）的天主教堂裡，也就是現在靜修女中對面的天主教主教座堂。

據報紙說，王德欽的學生有日本人，也有台灣人，「就學者眾。數月之間。便能會話。」學生之中，有曾任台灣電力會社的日本籍副社長角源泉，也有位赫赫有名的台灣商紳許丙。王德欽即因許丙才進入台北高商。

許丙原受雇於台灣第一豪族板橋林家，擔任林熊徵一房的「家長」，負責收租種種財務，長袖善舞，交際能力過人，最後被封貴族院議員，與舊老闆平起平坐。小說家東方白在回憶錄《真與美》裡，曾描寫許丙出門總是戴禮帽、拄拐杖，金口不易開，連對幫自己拉車的私家司機（即人力車夫）也一樣，想右轉，就用拐杖敲右輪，想左轉，就敲左邊輪子。

許丙和老闆林熊徵是最早打高爾夫球的台灣人，也是淡水高爾夫球俱樂部的第一批台籍會員。據許丙的回憶錄指出，他常去總督府拜訪球友石井光次郎，石井時為秘書課長，因而認識了調查課長片山秀三郎，時有「歡談」。片山後來出任第一任高商校長。

此時，許丙的老闆林熊徵開辦華南銀行，常往上海、廈門募資，許丙隨行，深知情意要相通，必也先通言語。台灣商人雖書寫中文無礙，中國官話卻完全不解。於是，他向片山秀三郎校長強調設北京話課的重要性，建議應設「北京官話講座」。商校接受此議，並詢問授課老師，許丙便推薦了自己的老師王德欽。

高商授課之外，王德欽在華僑組織「中華會館」及家裡都開過班。家裡的班，人數不限，反正一整班的束脩要三十圓，學生再行分攤。三十圓不少，比基層公務員的薪水都多。

一九三〇年代初期，台灣揚起北京話學習熱，似乎讓王德欽更搶手。一九三二年，滿洲國新立，吸引各地人進去尋找機會，山東人去，台灣人也去，賣茶、開醫院都有。台北商工協會會長陳清波去了一趟滿洲，回來就說台灣茶、蔬菜水果都可外銷滿洲，正是台灣人「絕好活躍之時」，但有心去的必須學北京語和漢文。一九三六年，王德欽曾針對要前往中國東北和華北發展的人，編出三個月就能通北京話的社交商用教材，在夜間上課。

王德欽是台灣的華僑界要人，華僑慶祝雙十節的聚會，王德欽是朗讀賀電的那個人；中華民國第一位駐台總領事林紹楠來台履新，華僑界熱烈迎接，一上岸，林紹楠跟三位代表握了手，王德欽也是其中一個。王德欽也關心鄉親，曾經有福建人在大稻埕租房子開鞋店，生意不好，難以度日，自殺三次而死，身後窮得無法入葬，王德欽出錢幫了忙。

除了北京語，日本時代的台北高商也是英語重鎮。台北高商的英文課長期聘請英國籍教授擔綱，另有一位日籍英語教席石崎政治郎，則畢業自美國堪薩斯大學。有位英文老師曾經在抗日活動裡軋了一角。

日本政府對台灣人吸鴉片的惡習，原先採取漸禁的辦法，只賣鴉片給領有牌照許可的癮君子。但到一九二九年世界經濟恐慌，為解決財政困難，傳出要在台灣自種罌粟花，還要放寬許可，讓無牌的秘密吸食者合法化。結果，兩萬五千人搶著去登

古蹟「台大法學院」建造時間

建築物原始名稱	建築物目前用途	竣工時間	資料來源
本館	行政大樓	1925.3.31	《臺北高等商業學校一覽》1933年
第一教棟	前排教室	1922.3.16	
第二教棟	後排教室	1922.12.11	
守衛所	警衛室	1925.3.31	

記，吸鴉片的人反增不減。蔣渭水於是找張月澄想辦法，他們馬上拍了最急件的國際電報向日內瓦國際聯盟控訴。此計奏效，總督府氣得跳腳，被稱為日本時代「非武力抗日打得最漂亮的一仗」。

國聯代表如救難神仙一樣到了台北，但是，他們不懂中文日文，必須給英文版的說明書。當年，擅英文的台灣人有限，所以，張月澄草擬後，為求慎重，他還去找一位英國朋友，幫忙校對了一遍。這位偶然在漂亮抗日仗軋了一角的英國人，就是臺北高等商業學校的英文老師。

一九三一年元月十八日，首次舉辦台灣中等學校「英語雄辯大會」，有台北第二師範、台北高校（校址即今台師大）、台北一中（今建中）、北二中（今成功中學）、台北工業（今台科大）、基隆中學、新竹中學、台中商業和台北高商等九校參加。比賽地點既選在台北高商的講堂（即法學院大禮堂），冠軍獎盃也由台北高商抱走。

台北高商的故事還很多，出身此校的台籍學生不少，許多在戰後初期位居商界要職，像永豐公司（永豐金集團的早期公司）

的總經理胡自瓶、華南銀行總經理高湯盤等人，丁瑞鉠則擔任過大同和台塑的副總經理。台北高商畢業生跟戰後初期台灣商業活動的關係，值得探究。

只是，台大接用了台北高商的軀殼，卻切斷了她的記憶臍帶，不傳她的故事。

留下古蹟的目的到底是甚麼？假如，只留住美麗、莊嚴、宏偉的建築，卻不知、不追、不留古人與古事，古蹟跟一個陌生人何異？

老天不辜負

如果，台北的北門是有嘴邊畫過兩條法令紋的威嚴老夫人，其左後側、台北郵局對面，那一棟兩層樓紅磚老房子就像是隨侍的老婢女了。屋頂滿佈黑瓦，如岸邊波痕，不甚平整，騎樓則有連續的拱門，衰弱到必須放鋼架支撐。

多年來，大家全神扶著北門，為老夫人的健康和容顏下了許多功夫，身旁這位婢女，卻卑微到沒有人注意到她的存在。終於，在死亡懸崖前，她垂垂老態被看見了。大家圍過來抬頭望，品頭論足，發覺她的老才是珍貴處，她的一生也睹盡繁華，決定留住她。台北的新古蹟於焉出土，並稱之「三井倉庫」。

「可不可以幫我們查查三井倉庫的相關資料？」

二〇一〇年三月，文化單位的一位小姐打電話來找，其實，我對古蹟沒有專研，古蹟建築專家嘴裡的巴洛克式、哥德式和文藝復興式，我都有點「學習障礙」。我猜，所以被找，可能因我曾經從一則報紙廣告，意外發現北門邊另一古蹟「撫臺街洋樓」的身世。

這份偶然邂逅的古蹟緣，開啟我對台北舊建物的追索，特別是日本時代老城中區的洋風古建築。翻翻官方出版的古蹟介紹書，發現還有許多古蹟建築的起造時年無法確定。日本時代距離現在頂多一百十餘年，那些建築絕大多數不到百年，與歐洲古城古教堂相比，年輕好幾百歲，竟然已經無法查考。納悶之餘，追查之興大發，於是，我再次縱身跳入《臺灣日日新報》這個大資料庫裡。

《臺灣日日新報》發行了四十七年，每天日報晚報輪番發刊，日報一天總有個六版、八版，晚報又有四版，單單以量來計，就稱得上記錄日本時代台灣社會的最佳「史記」。史學界早知日日新報的重要，開發了全文檢索的系統，幾年前開始上線。以前，為了某一個主題，必須要一頁一頁翻，一個一個標題找，

❶台北市古蹟「三井倉庫」，位於北門邊。

一則一則新聞讀，一張一張資料影印，窮兩、三年才翻完一遍，找齊相關資料。現在，有了全文檢索系統，只需敲入關鍵詞，一眨眼的時間，四十七年的報紙內容，千萬計的文字，已被搜過一遍了。

以多年運用《臺灣日日新報》的經驗，目睹這個資料庫被高科技加持，如吞了大力丸，一夕長成巨人，我不得不誠心讚嘆，他已然是一個「偉大的戰略伙伴」，與他一起出征，戰果總是非常豐碩。

透過《臺灣日日新報》的全文檢索，臺灣總督府交通局遞信部、婦聯總會、帝國生命會社舊廈、三井物產株式會社舊廈、紀州庵、草山御賓館、士林公有市場、前美國駐臺北領事館、台北市政府衛生局舊址等幾個古蹟，何時出現在台灣土地，答案就很清楚了。我把這些考古發現放進二〇〇九年底出版的《人人身上都是一個時代》。

那位打電話來的小姐，或許以為我的手氣不錯，傳來三井倉庫相關資料。原來，專家是從建物牆面上的標誌推論為三井會社的建築。我跟那位小姐說：「請先給我半個月時間，希望能查

出古蹟的建築時間和日本時代的身分用途。」

追查一棟身分不明的老建築，本身就深具吸引力。此後幾天，我始終處於情緒劇烈起伏的狀態。首先，我很大膽懷疑建物與三井可能無關，理由有三。

第一，一九二八年版的一張台北市地圖，標滿各街道上的店名，所謂三井倉庫這個位置標的卻是「櫻井組」，是一家營建材木商，左右邊沒有任何與三井有關的商店。

其二，三井物產是大公司，如果古蹟是三井用舍，理該很容易在各種會社名錄等書或資料裡頭發現，事實卻不見記載。

其三，日本三井物產前後有四座辦公建築，最早在淡水河邊，繼之遷到新光摩天大樓對面，二〇年代再到博物館前，最後，館前的建築再改建成今日模樣。這些三井建築似乎都沒有把商標貼飾在外牆。

❷櫻井貞次郎旗下的店號標誌和三井部分相似，櫻井組又位於當地，引導出錯誤的追查路線。

於是，我朝櫻井組下手挖去。過沒兩天，翻查臺灣日日新報一九〇九年的廣告，赫然發現「櫻井組」的老闆櫻井貞次郎併掉一家五金建材店，進他旗下的「山三商店」，廣告上顯示的三山商店的商標即櫻井組標誌。我興奮得從椅子上跳起來，因為這個商標竟然與三井近似；中間同樣是三橫線，外框部分，三井由四線交叉成菱形，櫻井組只有上方兩條。當時，我馬上又做了一個大膽的假設，可能，三井倉庫這棟建築根本就是櫻井組，一如一九二八年的地圖所示，而牆上像三井的圖案，其實是櫻井組圖案的變體。

假設終究是假設，我仍然必須找到直接的證據才行。那幾天，我像一隻老鼠，幾乎把米倉都鑽遍了，夢想著在無邊的資料海中，找到櫻井組的影像，而她的模樣正如所謂的三井倉庫。很快，才沒幾天，一九一七年的《臺灣日日寫真畫報》就粉碎了我的夢。畫報裡的櫻井組建築，有她自己的樣子，此井非彼井。

推翻了櫻井組的可能性，退回到三井，卻毫無線索，不得不回覆對方，「能力有限，請另覓高明」。

我從二十年前開始找資料，不管是找尋台灣政商家族的親戚

❸ 意外遇見和泉時計店(時計就是鐘錶)新築落成大特賣的廣告，確定古蹟建築時間為一九一三年。

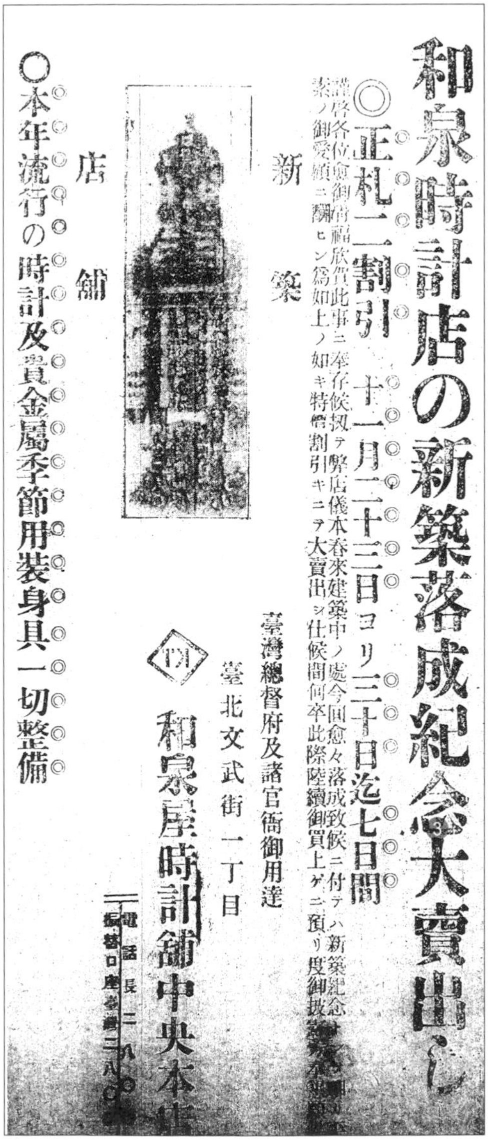

關係網絡，或目前拼組日本時代的社會生活樣貌，有一個體會——老天不會辜負勤勞的人；在找資料這條路上，錯的路徑，往往也會有對的收穫。

這次，老天爺果然再度賞賜一個美好的意外。當我拼命在翻報紙找櫻井組時，竟遇見了衡陽路58號古蹟的關鍵資料。衡陽路58號現址是全祥茶莊，日本時代，此樓由鐘錶商「和泉時計店」所建。戰前，衡陽路兩側稱榮町，是台北市最熱鬧的商街，地價居全市之冠，成排整齊的富麗樓面，到了和泉，硬是高出一個脖

❹百年前的和泉鐘錶店建築，已物換為全祥茶莊。牆面的典雅圖飾還在，圓屋頂已經消失，圓窗裡的大鐘也被封上玻璃。

子，頭頂又戴一圓帽，在一九三二年出現六層樓高的菊元百貨店之前，頗有榮町地標之姿。

就在一九一三年十一月二十二日那一天的《臺灣日日新報》上，和泉時計店刊登了「新築落成」的紀念大拍賣廣告，廣告內還附了建築物的照片，兩旁有「新築店鋪」四字。另有文案說明，那年春天，和泉在店址原地開始新建樓房，換言之，過了一個夏天和秋天，用了不到一年的時間，這棟建築在一九一三年底竣工了。

衡陽路除了58號的全祥茶莊之外，另有54、56和60號同列為古蹟。目前台北市的官方資料，還無法確知這批店屋的創建年代，只能推估「約一九一二－一九二〇年之間」。這樣不確知的古蹟背景，看得人好不焦躁。現在，我已找到一家，焦躁不見了，不過，四還缺三，反倒心癢起來了。

或許，就這個冬天，筋骨縮瑟，懶見天光之時，給自己一個熱騰騰的功課，再窩到圖書館，把衡陽路的古蹟身世考個清楚吧！只要心夠誠，手夠勞，老天可能會再犒賞我另一個意外。

（原文完成於二〇一〇年，載於國家檔案局《檔案的故事第五集》二〇一一年七月）

4

圖片來源

中央日報54,56上
日本地理風俗大系47上下,128
世界地理風俗大系232
李淑玉教授家族205,207下,225上
社會事業の友119下,191,192,193,194,195上下,197上下
始政四十周年記念臺灣博覽會誌25
高松宮殿下御成記念號138,139
基隆市廳舍落成記念博覽會179
梁旅珠提供208
陳中和翁傳155
陳柔縉提供15,18,19,20,21,27,41,67下,69,73上下,93上下,95,96上,100,101,106,107,111,113,119,120,121,122,123上下,125,126,131,133,134左右,140,142,144,146左右,147左右,151,153上下,166,175,176左右,177,180,181,183,209,215,217,219,223,225下,229
陳柔縉拍攝14,37,46,75下,235,236,237,241下,243,251,255
辜顯榮翁傳66
臺大電機系陳德玉教授、臺大校史館127
臺中高等女學校同窗會誌185
臺北第一高等女學校創立二十五周年記念137上,186
臺北第三高等女學校創立滿三十年記念誌137下,207上,224
臺北高等商業學校一覽241上
臺北寫真帖16,17
臺南市大觀56下,158
臺灣の山林79,98,159
臺灣人士鑑203
臺灣日日新報22,23,28,29,30,33,35,36,40,42,43,44,50,51,52,53,55,70,71,81,83,84左右,96下,104,109上下,161上下,163上下,169,170左右,171上,189左,201,212,221,253
臺灣日日寫真畫報252
臺灣自動車界58,59,60,61,63,210,211
臺灣拓植株式會社事業概觀75上
臺灣時報214
臺灣建築會誌76上下
臺灣紹介最新寫真集189右,230,231右中左
臺灣婦人界38,48左右,49,114,115
臺灣稅務月報87,89上下,90
臺灣遞信協會雜誌103
彌榮182
躍進嘉義近郊大觀31

註：相關圖片來源，除了個人提供外，為中央圖書館台灣分館與國家圖書館藏書。